TRAITÉ

DES

LOIS MAHOMÉTANES,

OU RECUEIL

DES LOIS, US ET COUTUMES

DES MUSULMANS DU DÉCAN;

PAR M. Eugène SICÉ, DE PONDICHÉRY,

COMMIS DE MARINE,
MEMBRE DE LA SOCIÉTÉ ASIATIQUE DE PARIS.

(EXTRAIT DU JOURNAL ASIATIQUE.)

PARIS.

IMPRIMERIE ROYALE.

M DCCC XLI.

TRAITÉ

DES

LOIS MAHOMÉTANES,

OU RECUEIL

DES LOIS, US ET COUTUMES

DES MUSULMANS DU DÉCAN;

PAR M. Eugène SICÉ, DE PONDICHÉRY,

COMMIS DE MARINE,
MEMBRE DE LA SOCIÉTÉ ASIATIQUE DE PARIS.

PARIS.

IMPRIMERIE ROYALE.

M DCCC XLI.

EXTRAIT N° 11 DE L'ANNÉE 1841
DU JOURNAL ASIATIQUE.

PRÉFACE.

La population des établissements français de l'Inde est évaluée à 200,000 âmes. Elle se compose principalement d'Hindous divisés, depuis Manou jusqu'à nos jours, en quatre grandes castes, savoir : les Bramanes, les Kchatriâ, les Vaïciâ et les Soutrâ.

Dans ces 200,000 âmes, on comprend un grand nombre de musulmans [1] *Schiyaï* شيعي, ou sectateurs d'Ali, qu'on divise en trois classes principales, savoir :

1° Les *Seyid* سيد, qui prétendent être les descendants de Houçaïn, petit-fils de Mahomet ;

2° Les *Scheïkh* شيخ, ou convertis au mahométisme ;

3° Les *Mogols* مغل et les *Pathans* پتهان, ou *Afghans* افغان, qui sont les musulmans venus des pays étrangers pour se fixer dans l'Inde.

A Pondichéry, on voit peu d'individus appartenant à la première et à la troisième division, excepté toutefois quelques riches négociants et quelques armateurs de bâtiments qui sont Mogols d'origine ; excepté aussi le qazi et le moullah, auxquels on conteste le titre de *Seyid*, qu'ils prennent à l'occasion des fonctions qui leur sont confiées.

La deuxième classe, qui est nombreuse, se subdivise :

1° En cipahis سپاهي (soldats du pays) ;

2° En panjicotti (matelassiers) ;

3° En darzi درزي (tailleurs d'habits) ;

4° En mochi موچى (cordonniers).

Ces musulmans, quoique soumis aux codes de la législa-

---

[1] *Musulman* vient de *mouslim* مسلم, expression arabe signifiant « résigné à la volonté de Dieu. »

tion française que le gouvernement colonial a promulgués dans l'Inde, en 1819, n'en sont pas moins admis à invoquer, devant les tribunaux civils, l'application des lois particulières qui les régissent, avantage qu'ils partagent avec les Hindous, grâce aux sages dispositions de l'ordonnance de promulgation des codes, qui décide que les lois françaises seront applicables, dans l'Inde, autant qu'elles ne contrarieront pas les vieilles institutions du pays.

Aussi, dans les contestations qui s'élèvent entre musulmans, les tribunaux français renvoient-ils les parties en cause devant le qazi (juge musulman), qui donne son avis, assisté d'un conseil de chefs et de notables de la caste. Cet avis, et cela doit être, détermine souvent le jugement qui intervient sur le procès en litige.

Mais, à part l'opinion émise par le qazi, aucune autre preuve écrite ne vient éclairer les magistrats sur les lois et sur les coutumes que suivent, en particulier, les musulmans soumis à leur juridiction. En effet, les lois mahométanes sont généralement peu connues, si ce n'est des orientalistes et des personnes qui en font une étude spéciale; elles sont, pour la plupart, enfouies dans d'immenses traités rédigés en arabe ou en persan. Or, on ne peut les consulter que très-difficilement et, le plus souvent, sans en retirer aucun fruit, si l'on n'est versé dans l'une au moins de ces langues. J'ai donc essayé d'en faire un résumé qui puisse dispenser d'y recourir.

Mon travail épargnera, je l'espère, aux personnes qui désirent étudier les lois musulmanes, l'embarras des recherches et une perte infinie de temps, en leur procurant toutefois des notions suffisantes sur une matière que les savants modernes ont peu approfondie.

Avant de ne rien exposer, j'analyserai en peu de mots les bases fondamentales sur lesquelles repose la législation mahométane, d'après le système des docteurs et des qazi musulmans.

La division généralement adoptée des préceptes de Ma-

homet (*schir* شــرع, loi) en deux parties bien distinctes,
c'est :

1° Le Qoran القُرآن, qui contient les arguments religieux
(*dalil* دليل);

Et 2° le *Hadis* حديث, mot par lequel on entend les paroles de Mahomet que la tradition a conservées.

Le Qoran est l'unique livre sacré des musulmans écrit par le prophète lui-même. Il embrasse, dans son cadre, une foule de matières : les lois tant civiles que religieuses, les questions de paix ou de guerre; la politique; le gouvernement; le spirituel et le temporel; les usages de la vie intérieure; tout, en un mot, y est traité indistinctement et reçoit une solution en harmonie avec le climat, le territoire, le peuple enfin pour lequel Mahomet déclare, chapitre XII, verset 2, « l'avoir fait descendre du ciel en langue arabe, afin qu'on le comprenne. »

Mais, subissant en cela le sort commun à tous les livres qui ont servi de base à une législation nouvelle, le Qoran, dont la plupart des préceptes se bornent au simple énoncé d'un principe, sans indiquer toujours la manière d'en faire l'application, a donné naissance à une foule de sectes qu'on peut diviser en sectes orthodoxes et en sectes hérétiques. Parmi les premières, on distingue celles des quatre Imams, *Hanifa* حنيفة, *Malik* مالك, *Schâfi* شافعي, *Hanbal* حنبل, dont la réunion s'appelle *Ijmâ* اجماع, qui, en arabe, veut dire « assemblée. »

Quant aux secondes, elles sont en si grand nombre, que ce serait perdre du temps que de vouloir même en citer les noms. Toutefois, les pl   us sont ceux des *Motazalites*, des *Séfatiens*, des   et des *Schites*.

Occupons-nous des qua   mams, dont les doctrines, considérées par tous les croyants comme les seules orthodoxes, ont acquis une célébrité telle, qu'elles ont passé en force de loi : les violer, ce serait, pour eux, transgresser la loi de Dieu.

L'Imam Hanifa, qui est le plus ancien de tous, naquit à Coufa, la quatre-vingtième année de l'hégire (l'an 699 de notre ère), et mourut à Bagdad, la cent cinquantième année. Abu-Youçof, chef de la justice sous les califes Al-Hadi et Haroun al-Rashid, mit la doctrine de cet Imam en grande réputation. La secte d'Hanifa s'établit principalement dans l'Irack. Ses disciples furent Abu-Youçof et Mohammed. Leurs décisions, avec celles d'Hanifa et de l'Imam Schâfi, dont il sera parlé plus tard, sont particulièrement suivies dans le Décan.

L'Imam Malik naquit à Médine, l'an 94 de l'hégire, et mourut l'an 177[1]. Sa doctrine fait loi en Barbarie.

L'Imam Schâfi naquit à Gaza ou à Ascalon en Palestine, l'an 150 de l'hégire, et mourut en Égypte, l'an 204. Ses sectateurs se répandirent d'abord dans le Mawara Ulnahr; mais c'est principalement en Arabie qu'on les trouve aujourd'hui. Schâfi fut le premier Imam qui disserta sur la jurisprudence.

L'Imam Hanbal naquit à Merou, dans le Corasan, province de la Perse, l'an de l'hégire 164, et mourut à Bagdad, l'an 241, en prison, où l'avait fait enfermer et cruellement fouetter le calife Al-Motassem, parce que Hanbal ne voulut pas reconnaître que le Qoran était créé. C'est à Bagdad qu'il fit le plus grand nombre de prosélytes.

Les détails qu'on vient de lire sur les quatre Imams Hanifa, Malik, Schâfi et Hanbal, quoique recueillis par moi, dans l'Inde, ont été rapprochés de ceux qu'on lit dans le discours préliminaire de M. George Sale sur sa version anglaise du Qoran.

Le Hadis, qui est la seconde division du Schirâ (loi), diffère du Qoran en ce qu'il n'a pas été écrit par Mahomet, dont il ne contient que les paroles conservées par la tradition. Quoique d'une importance secondaire lorsqu'on vient à le rapprocher du Qoran, le Hadis n'en demeure pas moins un code, ou mieux un livre sacré pour les croyants, qui se font une obligation d'en suivre les préceptes. Il serait peut-être

---

[1] Le lieu de sa mort n'est pas connu.

plus rationnel de le considérer plutôt comme un supplément
au Qoran, qui résume seul toute la législation mahométane,
que comme une division particulière du Schirâ.

Les doctrines professées par les quatre Imams Hanifa,
Malik, Schâfi et Hanbal, ou, comme on le dit vulgairement,
les décisions de l'Ijmâ sur le Qoran et le Hadis, furent,
pendant de longues années, les seules autorités invoquées
par les docteurs et les qazi à l'appui des décisions qu'ils ren-
daient.

Mais les légistes qui succédèrent aux quatre Imams, s'au-
torisant de l'obscurité des termes de la loi, et, bien plus, de
la différence de climats et des peuples qui adoptèrent Mahomet pour législateur, se mirent en devoir de modifier divers
points de doctrine admis et professés par l'Ijmâ, et quelques-
uns des textes du Qoran.

Les principes que ces nouveaux interprètes de la loi mirent
en pratique furent, pour la plupart, consacrés par l'usage, qui
en a fait reconnaître l'excellence. On les a donc recueillis et
publiés sous le titre de فقه *Fik'h*, qui, en arabe, signifie
théologie et jurisprudence.

J'ai pu, après bien des recherches, me procurer trois de
ces traités, dont le premier, intitulé كنز *Kanz* (en arabe,
trésor, abondance), a été composé par Nazr-Alla ben-Ahmed
نصر الله بن احمد, qui l'a divisé en 57 livres.

Cet ouvrage justifie son titre, et présente au lecteur une
foule de décisions sur les points les plus difficiles de la théologie et de la jurisprudence mahométanes. Ces deux sciences
y sont traitées dans toute leur étendue. Mon mounshi a traduit
en persan, pour m'en faciliter l'intelligence, les divers passages que j'ai cru utile de consulter. On les trouvera cités
au besoin, ainsi que ceux des deux autres Fik'h qui suivent.

Le second traité a pour titre خلاصة الاحكام *Kholaset
al-ahkam* (en arabe, *essence des jugements*). Il a été composé
par Ahmed-aboul-Kâcim bin-Ahmed-Tayata احمد ابو
القاسم بن احمد طايعتى. Il est divisé en dix chapitres. Ce

livre n'a aucune spécialité, comme son titre l'annonce. Il diffère peu du Kanz.

Le troisième traité est intitulé فرايض ارتضيه *Faraïz-i-Irtaziah*. Le mot فرايض *faraïz*, pluriel de فرض *farz*, signifie en arabe *Manière légale de partager les successions*. Le mot suivant, ارتضيا *Irtaziah*, rappelle le nom de l'auteur, qui s'appelait Irtazâ Ali-khan Bahdour ارتضه على خان بهـدور. Ce livre n'est relatif qu'aux successions.

On trouve les deux premiers Fik'h chez tous les qazi mu-sulmans. Quant au troisième, il a été imprimé à Madras; la bibliothèque royale de Pondichéry en possède un exemplaire. Ceux qui les consulteront y trouveront les divers textes d'où j'ai, en partie, extrait la matière qui compose les trois livres du Traité des lois mahométanes.

TRAITÉ

DES

LOIS MAHOMÉTANES,

OU RECUEIL

DES LOIS, US ET COUTUMES

DES MUSULMANS DU DÉCAN.

LIVRE PREMIER.

LOIS RELIGIEUSES.

TITRE UNIQUE.

DOCTRINES ET DEVOIRS DE LA RELIGION MAHOMÉTANE.

La religion des mahométans, dont le dogme fondamental est l'unité de Dieu, contient une foule de règlements difficiles à observer. Aussi est-il vrai de dire que, dans l'Inde surtout, où l'autorité musulmane n'est plus aujourd'hui ce qu'elle était il y a deux cents ans, peu de personnes se font un véritable devoir de pratiquer fidèlement tout ce qui est prescrit par ces règlements.

L'exiguïté de ce recueil ne me permet pas d'entrer dans des détails dont le résultat serait de le grossir sans aucune utilité réelle. Je vais me borner à ne rapporter que ce qu'il importe de connaître pour se faire une idée des doctrines et des devoirs de la religion musulmane.

CHAPITRE PREMIER.

DE LA FOI MAHOMÉTANE.

La foi mahométane se divise en six principaux articles qu'on trouve expliqués dans le chapitre I du *Kholaset-al-ahkam*, d'où j'ai extrait le morceau qui suit :

Si quelqu'un te demande ce que c'est que la foi et quels en sont les principaux articles, réponds : « La foi consiste à se pénétrer, par la pensée, de l'unité de Dieu, en même temps qu'on la confesse par la parole. » Il y a six articles principaux auxquels on doit croire :

1° A l'unité de Dieu. Que la divinité ne peut être attribuée à d'autre qu'à lui seul ; qu'il n'a point eu de commencement et qu'il n'aura jamais de fin ; qu'on ne peut le comparer ni l'assimiler à rien ; qu'il n'a ni père, ni mère, ni épouse, ni fils ; qu'il n'a aucune forme ; qu'il est l'être pur par excellence, et qu'il n'éprouve aucun besoin.

2° Aux anges. Qu'ils sont les serviteurs de Dieu ; qu'ils sont innocents et exempts des péchés mortels et véniels ; qu'ils rendent sans cesse gloire à Dieu ; qu'ils ne négligent point de le faire un seul instant ; qu'ils ne sont d'aucun sexe ; qu'ils ne sont assujettis à aucun des besoins de la vie, tels que le manger, le boire, le dormir, le plaisir ; qu'ils portent des ailes ; que personne, Dieu excepté, n'en connaît le nombre ; qu'il y a quatre anges principaux : l'ange Gabriel, le messager de Dieu auprès des prophètes dont il est le gardien ; l'ange Michel, qui prévient les besoins des créatures ; l'ange Israfil, destiné à ressusciter les morts au jour dernier, au son de sa trompette ; et l'ange Israyil, qui préside à la destinée des êtres.

3° Aux livres inspirés. Admettre qu'ils sont vrais et exacts ; qu'ils sont la parole de Dieu lui-même ; qu'il est descendu du ciel quatre livres sacrés (*Kitab*), et cent livres dits *sahifa*, dont cinquante destinés à *Schîs* (Seth), trente à *Idrîs* (Enoch), et vingt à Abraham. Que les quatre livres sacrés furent remis, l'Ancien Testament (*Taouret*) à Moïse, les Psaumes (*Zabour*) à David, l'Évangile (*Angil*) à Jésus-Christ, et le Qoran (*Fourqan*) à Mahomet. Que celui qui niera un seul de ces livres ou son contenu, sera réputé *kâfir* (infidèle) : Que Dieu nous en garde !

4° Aux prophètes. Qu'ils sont les serviteurs de Dieu ; qu'ils furent exempts de tout péché ; que ce qu'ils ont avancé est juste et vrai ; qu'ils ont été envoyés de Dieu ; que leur nombre n'est pas connu ; que quelques-uns prétendent qu'il montait à cent vingt-quatre mille ; que le premier fut Adam et le dernier Mahomet ; que ces cent vingt-quatre mille prophètes furent divisés en deux classes ; que trois cent treize furent appelés *mourçal* et le reste *naby* ; que les mourçal reçurent des messages de Dieu par l'ange Gabriel ; qu'il n'en fut pas de même à l'égard des naby ; que ces derniers eurent occasion, pendant leur sommeil ou en veillant, d'entendre la voix de Dieu ; que les mourçal sont supérieurs aux naby, mais inférieurs aux possesseurs des livres sacrés, des sahifa et des codes de lois religieuses ; que, de tous les prophètes, Mahomet est le plus grand et le plus juste.

5° A la fin du monde. Croire qu'elle aura lieu sans aucun doute ; que le bien et le mal existent par la volonté de Dieu ; qu'il aime le bien et déteste le mal.

6° A la résurrection. C'est-à-dire qu'au premier coup de la trompette toutes les créatures périront ; qu'au second elles ressusciteront ; que les actions de chacune d'elles seront jugées ; que les justes jouiront éternellement du paradis ; que les méchants seront condamnés aux flammes éternelles.

CHAPITRE II.

DES OBLIGATIONS RELIGIEUSES.

Les obligations religieuses auxquelles sont soumis les mahométans sont :

1° De se conformer au *schahadet* شهادت ;

2° D'observer le *salât* صلوة, le *zaqout* زكوة, le *saoum* صوم et le *hajj* ج.

SECTION PREMIÈRE.
Le Schahadet.

On entend par *schahadet* (qui veut dire témoignage en arabe), la profession de foi ci-dessus mentionnée; c'est-à-dire l'ensemble des divers points de doctrine dont la pratique est sévèrement recommandée à tous les musulmans. Ils se réduisent, comme on a pu le voir dans le chapitre précédent, à six articles principaux. Le *Kholaset-al-ahkam*, chap. 1, sect. 2, entre, à cet égard, dans des détails beaucoup trop étendus pour qu'il puisse en être fait mention ici; il suffit donc de savoir que, professer la foi mahométane en se conformant au Qoran, au Hadis et à l'Ijmâ, c'est remplir les conditions exprimées par le mot *schahadet*.

SECTION II.
Le Salât.

Le *salât*, ou prières mahométanes, comporte cinq cérémonies, savoir :

(5)

Le *goçal* غسل, ablution complète ou bain;

Le *vazou* وضو, ablution des pieds et des mains;

L'*azân* اازان, annonce de l'heure de l'office;

Le *namâz* نماز, office ou service;

Le *vazifa* وظيفه, chapelet.

Si la moindre formalité prescrite pour chacune de ces cérémonies en particulier se trouvait omise, les prières n'auraient plus de vertu. Chacune d'elles doit être précédée de l'invocation *bism-Allah* بسم الله (au nom de Dieu), ainsi conçue : « Au nom de Dieu clément et miséricordieux! Louange à Dieu qui nous a favorisés de la religion musulmane! » Invocation par laquelle les croyants doivent commencer toutes leurs actions. Elle remplace le signe de la croix des catholiques.

Je vais détailler les cérémonies mentionnées ci-dessus.

Le Goçal [1].

Les ablutions ne sont pas de rigueur chez les musulmans comme chez les Hindous; mais elles deviennent indispensables dans certains cas [2].

1° Si l'homme a cohabité avec sa femme, ou s'il a été sujet à des pollutions, il doit de rigueur se baigner avant de commencer ses prières; s'il ne s'est baigné, il ne peut ni manger, ni boire, ni même toucher un livre saint.

2° La femme, avant de faire ses prières, doit aussi,

---

[1] *Kholaçt-al-ahkam*, chap. IV.

[2] *Qoran*, chap. V, vers. 9.

de rigueur, se baigner, si elle a cohabité avec son mari, ou si elle a ses menstrues.

Le Vazou [1].

Le *vazou* (ablution des pieds et des mains) a lieu avant de commencer une prière, n'importe laquelle.

Le Qoran, chapitre v, verset 8, dit : « O croyants ! quand vous vous disposez à faire la prière, lavez-vous le visage et les mains jusqu'aux coudes ; essuyez-vous la tête et les pieds jusqu'aux talons. »

L'Azân [2].

Azân veut dire, annonce de l'heure de l'office. Les musulmans n'ont point de cloches pour appeler à la prière. La voix des muezzins [3] y supplée.

Pour pratiquer l'azân, on doit :

1° Se tenir tourné vers l'ouest, pour Pondichéry, à cause de la position occidentale de la Mecque, terre sainte où naquit le prophète Mahomet.

2° Se croire en présence de la fameuse mosquée dite *Kâba*, située aussi à la Mecque.

3° Se boucher les oreilles avec l'index de chaque main, et répéter d'une voix forte, et de manière à se faire entendre de très-loin, la prière suivante [4] :

---

[1] *Kholaset-al-ahkam*, chap. iii.

[2] *Ibid.* chap. vi.

[3] On nomme ainsi des crieurs attachés aux temples musulmans pour faire entendre l'*azân* du haut des minarets.

[4] Extraite de l'Eucologe musulman, traduit de l'arabe par M. Garcin de Tassy.

« Dieu est très-grand (quatre fois). J'atteste qu'il n'y a de Dieu que Dieu (deux fois). J'atteste que Mahomet est le prophète de Dieu (deux fois). Venez à la prière (deux fois). Venez au temple du salut (deux fois). Dieu est très-grand, Dieu est très-grand. Il n'y a de Dieu que Dieu ; Mahomet est son prophète. »

Les Imams ajoutent :

« Venez à la meilleure des actions. Mahomet et Ali sont les créatures les plus excellentes. »

Cette annonce est la même pour les cinq heures canoniques, excepté celle du matin où le muezzin doit ajouter :

« La prière est préférable au sommeil (deux fois). »

Le Namâz [1].

Namâz répond au mot office, chez les musulmans. Ils sont en général tenus de l'observer de la manière ci-après prescrite :

Le namâz se fait cinq fois dans les vingt-quatre heures : le matin, le midi, l'après-midi, le soir et la nuit.

Le premier namâz se nomme *fager* فجر. Il commence à cinq heures du matin et se termine à six, c'est-à-dire qu'il est permis de le faire dans cet intervalle. Le tasbih de ce namâz est : « Dieu est le vivant, l'Éternel. »

Le second namâz se nomme *zahar* ظهر. Il com-

[1] *Kholaset-al-ahkam*, chap. VII.

mence à une heure après midi et se termine à trois heures. Son tasbih est : « Dieu est le grand, l'élevé. »

Le troisième namâz se nomme *açar* عصر. Il commence à trois heures et se termine à cinq et demie. Son tasbih est : « Dieu est le clément, le miséricordieux. »

Le quatrième namâz se nomme *mogarib* مغرب. Il commence à six heures du soir et se termine à sept. Son tasbih est : « Dieu est l'être bon et indul-
« gent par excellence. »

Le cinquième et dernier namâz se nomme *ischa* عشا. Il commence à huit heures et demie et se prolonge jusqu'à deux heures après minuit. Son tasbih est : « Dieu est la douceur même; il sait tout. »

Le Vazifa ou Tasbih.

Le vazifa ou chapelet musulman est composé de quatre-vingt-dix-neuf grains, et d'un dernier plus gros que les autres. Sur chacun des premiers, les musulmans récitent un des noms ou attributs de Dieu, tels que *le clément, le miséricordieux, le juge, le témoin, le puissant, l'immortel, etc.* et sur le dernier, le mot *Allah*, Dieu.

Les prêtres, les faqirs et autres pénitents, sont plus particulièrement astreints à l'obligation de réciter le chapelet.

SECTION III.

Le Zaqout [1].

Le Qoran prescrit aux musulmans d'observer la charité (zaqout), et, à cet effet, il a établi les obligations suivantes :

1° Si un individu a de l'argent disponible qui soit resté dans sa caisse, sans profiter, pendant l'espace d'un an, il est tenu de prélever sur cette somme deux et demi pour cent, et d'en donner le montant aux faqirs et aux pauvres.

2° S'il possède des lingots d'or ou d'argent, il est obligé de donner le quart de leur valeur, si c'est de l'or, et le huitième, si c'est de l'argent.

3° S'il a des chameaux, bœufs, chèvres et autres bestiaux, il donnera également une chèvre par nombre de cinq chameaux [2], et un agneau par quarante chèvres [3].

4° S'il possède des biens-fonds, le dixième de leur produit appartient aux pauvres.

---

[1] *Kanz*, liv. III. — *Qoran*, chap. II, vers. 211.

[2] Cette proportion a lieu jusqu'au nombre de vingt-cinq chameaux; mais au-dessus de vingt-cinq on est tenu de donner le petit d'un chameau.

[3] Cette proportion est la même, soit qu'on en ait cent, ou seulement quarante.

SECTION IV.

Le Saoum [1].

Le jeûne (saoum) est la quatrième des obligations religieuses. Dans l'année, les mahométans observent pendant trente jours un jeûne des plus rigoureux nommé *ramazan* رمضان. On l'appelle ainsi parce qu'il a précisément lieu dans le mois de ramazan, qui est celui dans lequel l'Alqoran descendit du ciel [2].

A peine les croyants aperçoivent-ils la lune dans le mois qui donne son nom au jeûne, qu'ils se hâtent de mettre en pratique les préceptes établis par le Qoran à cet égard [3], et, à la clôture du dernier quartier, ils célèbrent la fête de Id-al-Fitr.

L'observance de ce jeûne ne s'étend que sur une portion des vingt-quatre heures : depuis le lever du soleil jusqu'au coucher, la plus grande sobriété est prescrite; passé ce laps de temps, il n'est sorte d'excès qui ne soient tolérés.

SECTION V.

Le Hajj [4].

Le Qoran exige que les mahométans fassent tous les ans un voyage à la Mecque; c'est ce qu'il a

[1] *Kanz*, liv. IV.
[2] *Qoran*, chap. II, vers. 181.
   Ibid. vers. 179, 180, 181 et 183.
[4] *Kanz*, liv. V.

voulu exprimer par le mot *hajj*, qui signifie pèlerinage [1].

Les formalités prescrites sont :

1° Rendu à la Mecque, le croyant doit, dès qu'il a aperçu la lune du mois de Hajj, prendre le costume affecté aux pèlerins, nommé *ahrám* احرام.

2° Après les cérémonies ordinaires accomplies dans la fameuse mosquée dite *Kâba* كعبة, il faut qu'il aille visiter les montagnes suivantes :

Arfat عرفات;

Safa et *Marava* صفا مروا (ce sont deux collines);

Mina مينا.

3° Il doit, à son retour dans la Kâba, célébrer la fête de Id-al-Zouah.

CHAPITRE III.

DES DEVOIRS RELIGIEUX [2].

Les devoirs religieux prescrits par Mahomet, et qui sont obligatoires pour tous les mahométans sans distinction d'âge ni de sexe, consistent dans les pratiques suivantes :

1° Se raser la tête;

2° Se couper les moustaches;

3° Se nettoyer les dents;

4° Se gargariser la bouche;

5° Se laver les narines;

[1] *Qoran*, chap. ii, vers. 192 et 193.
[2] *Kanz*, liv. V.

6° Se raser les poils des aisselles ;

7° Se couper les ongles ;

8° S'épiler les parties honteuses ;

9° Se servir de l'eau quand on a satisfait aux besoins naturels ; à défaut d'eau, du sable fin et pur ou de la menue poussière [1].

CHAPITRE IV.

DES COMESTIBLES DÉFENDUS [2].

Il est rare de ne pas trouver chez les peuples orientaux la défense, prescrite par les lois, de toucher à tels ou tels comestibles ou breuvages.

Le peuple mahométan, l'un des plus puissants de l'Inde, n'en est pas exempt. Voici quels sont les comestibles qui lui sont légalement défendus [3] :

1° Parmi les quadrupèdes, les croyants ne peuvent manger de ceux qui ont cinq doigts, tels que chats, chiens, singes, etc. et de ceux qui ne ruminent pas, tels que cochons, tigres, etc.

2° Parmi les volatiles, leurs mets ne peuvent être composés des oiseaux de proie, tels que vautours, milans, etc. mais seulement de ceux qui n'usent pas de leurs pattes pour manger, tels que canards, poules, cercelles, etc.

---

[1] *Qoran*, chap. IV, vers. 9 et 46.

[2] *Ibid.* chap. V, vers. 4, 6 et 92; chap. VI, vers. 118, 119, 121 et 146.

[3] *Idem. ibid.*

3° Parmi les poissons, ceux qui sont couverts d'écailles peuvent être employés dans le manger; ceux qui n'en ont pas ne sauraient l'être.

Tout breuvage susceptible de produire des vertiges est sévèrement défendu aux musulmans.

CHAPITRE V.

DES JOURS FÉRIÉS ET DES FÊTES.

Chez les musulmans, le jour férié de la semaine c'est le vendredi. La prière publique, dite des vendredis, a lieu ce jour-là dans les mosquées vers midi. Tous les croyants sont tenus d'y assister; ceux qui y manquent trois semaines de suite, sont censés avoir abjuré leur foi.

Tous les jours, excepté le vendredi, les musulmans peuvent faire leur prière chez eux. Il ne leur est pas obligatoire d'aller au temple.

Dans l'année, les croyants ont trois fêtes remarquables nommées *Id-al-Fitr* عيد الفطر, *Id-al-Zouah* عيد الضحى et le *Khâmsé*.

SECTION PREMIÈRE.

L'Id-al-Fitr.

L'Id-al-Fitr, ou fête de la rupture du jeûne, se célèbre le huit *scheval* شوال avec beaucoup de joie, après un jeûne rigoureux de trente jours, qui commence le premier du mois de ramazan et se termine le trente du même mois. On l'observe de la manière suivante :

Après le premier office, tous les croyants doivent rentrer chez eux et faire leurs ablutions; puis, vêtus de leurs plus beaux habits, ils se réunissent et se rendent, aux sons d'un tambourin, en récitant des prières, à un temple bâti dans l'intérieur ou à l'extérieur de la ville, mais spécialement consacré à la célébration de l'Id-al-Fitr; là, tous les Quasi et Katib sont convoqués pour faire en commun les prières. La cérémonie se termine par des réjouissances publiques et par des distributions de vivres et d'aumônes aux faqirs et aux pauvres.

SECTION II.

L'Id-al-Zouah.

L'Id-al-Zouah, ou fête des sacrifices, se célèbre après une neuvaine passée dans les jeûnes et les prières, et qui dure depuis le 1er du mois Hajj jusqu'au 9 du même mois. Le 10, l'Id-al-Zouah a lieu.

On dit que cette fête est consacrée à la mémoire du patriarche Abraham, sacrifiant un bélier à la place de son fils Ismaël. C'est celle, comme je l'ai dit plus haut (chapitre II, section V), que les pèlerins célèbrent à la Mecque. Ceux qui ne sont pas en état d'entreprendre le pèlerinage, observent chez eux l'Id-al-Zouah.

SECTION III.

Le Khamsé.

Les musulmans célèbrent en outre, pendant les dix premiers jours du mois de Moharam, la fête du Khamsé, autrement dit *Haçaïn-Houçaïn*, qui paraît avoir quelque rapport avec le carnaval des Européens, à en juger par ce qui se pratique extérieurement. Mais c'est en l'honneur de Houçaïn, mourant pour la religion de Mahomet, qu'on la chôme, et voici de quelle manière :

A peine les musulmans distinguent-ils la lune de Moharam, qu'ils se revêtent des costumes les plus bizarres, et se répandent, ainsi déguisés, dans les quartiers de la ville, aux sons bruyants du tam-tam, de la trompe et du nacara.

Les trois derniers jours, quelques jeunes musulmans, les uns à pied, les autres à cheval, portant tous des faisceaux de plumes de paon liées ensemble et surmontées d'une main en argent, contre laquelle ils appliquent leur front, viennent se mêler à la foule des Khamsé (c'est ainsi qu'on nomme ceux qui célèbrent cette fête). Chacun de ces jeunes gens, sans proférer un seul mot, s'avance entre deux individus qui, aux cris répétés de Haçaïn-Houçaïn, s'efforcent de les retenir avec des guides en soie, et de modérer la rapidité de leur marche. Le peuple, dans sa crédulité, attribue la vélocité que ces jeunes musulmans déploient en ces sortes d'occasions à une sainte ardeur pour la foi, semblable à celle qui animait jadis Houçaïn combattant pour le prophète.

En dernière analyse, les individus qu'on rencontre ainsi luttant contre les efforts de ceux qui les entourent et les suivent partout, passent pour être inspirés.

J'ai pu me convaincre que le ganjah (mélange d'opium, d'eau de rose et de sucre brut) qu'on a la précaution de leur administrer d'avance, et les rayons du soleil qu'on ne brave pas impunément dans l'Inde, influent beaucoup sur le cerveau de ces fanatiques, dont l'état d'exaltation et de fureur est tel le dernier jour, qu'arrivés sur le bord de l'étang, autour duquel viennent se ranger les chars de la fête, ils tombent exténués de fatigue, et restent pendant quelques heures plongés dans une atonie complète. On se presse autour d'eux ; on leur baigne le visage avec de l'eau froide, ce qui achève de les faire revenir à eux et de les remettre sur pied.

Dans la nuit du dixième au onzième jour, les chars sont portés en triomphe dans les principaux quartiers de la ville, accompagnés de flambeaux, de musique et d'une foule considérable. Ces chars, d'une forme toute particulière, brillent par le fini d'un travail dont la patience seule des Indiens peut venir à bout : partout des découpures, des détails à jour d'une rare délicatesse, des globes, des verrines en talc, posés avec symétrie depuis la base jusqu'au sommet, font reluire des feuilles de plomb laminées et peintes en diverses couleurs, qui recouvrent toutes les bordures, les colonnes et les parois des compartiments intérieurs. Au centre on distingue plusieurs mains en argent parées d'étoffe rouge et ornées de fleurs.

Chaque musulman est tenu de contribuer à l'érection du char de son quartier, dont la dépense peut être évaluée de 5 à 600 francs.

A Pondichéry, la fête se termine par une procession à l'étang de Tirouvalli-Keïni, communément nommé étang du Poyé, situé à peu de distance de la ville. Arrivé à l'étang, on pose les chars par terre, et, après une légère aspersion, on les entoure d'un large rideau. Chacun distribue ses aumônes, puis rentre chez soi en récitant des prières. Quelques-uns accompagnent les chars, qu'on reporte toujours enveloppés à la place d'où on les a pris.

A Madras, où les musulmans sont très-nombreux, la fête du Khamsé cause quelquefois des désordres tels, que la force armée est obligée d'intervenir. Les croyants de sectes différentes profitent de cette fête pour se livrer à toute la fureur d'une haine de schismatiques que rien ne peut contenir. Ils en viennent aux mains, et ne cèdent qu'à la cavalerie anglaise, qui les disperse bon gré mal gré.

REMARQUE.

Les musulmans ne peuvent, pendant les jours fériés ou de fêtes chômées, à moins de circonstances imprévues, vaquer à leurs propres affaires, ni à aucun service public.

CHAPITRE VI.

DES FUNÉRAILLES [1].

Les cérémonies pratiquées à l'occasion des funérailles sont au nombre de quatre, savoir :

Le *goçal-mayet* غسل ميت;

Le *kafn* كفن;

Le *namâz-janaza* نماز جنازه;

Le *dafn* دفن.

SECTION PREMIÈRE.

Le Goçal-mayet.

Le goçal-mayet (goçal, ablution; mayet, cadavre) est une cérémonie dans laquelle on administre un bain au défunt. A cet effet on prend de l'eau très-limpide, et surtout inodore, que l'on met à chauffer; quand elle est bien chaude, on y délaye du camphre, des essences et des aromates. Cela fait, on entoure d'un rideau l'endroit destiné pour le bain, qu'on doit avoir choisi dans la partie la plus reculée de la maison; puis on étend le cadavre sur une banquette, et le bain commence. C'est avec la plus grande précaution qu'on est tenu d'y procéder; on va même jusqu'à presser les intestins, pour tâcher d'en faire sortir les matières qui auraient pu y séjourner.

S'il s'agit d'un homme, ce sont les hommes qui rendent ces derniers devoirs; si c'est une femme, ils ne peuvent être rendus que par des femmes.

[1] *Kanz*, liv. II, ch. XIX.

SECTION II.

Le Kafn.

Les musulmans entendent par kafn tout le linge dont on revêt le mort avant de l'enterrer. En hindostani, kafn signifie linceul, drap mortuaire.

Le tissu employé dans cette occasion est de la toile de coton de couleur blanche; ni soie, ni laine, ni aucune autre étoffe, ne pourraient servir à cet usage.

Les vêtements, qui sont au nombre de quatre pour l'homme, savoir :

Un *amama* عامه, toque;
Un *loung* لنگ, pagne pour la ceinture:
Un *kafn* كفن, chemise ou camisole;
Un *chadr* چادر, linceul;

Et au nombre de cinq pour la femme, savoir :

Un *oudhni* اورهنی, voile ou mantille;
Un *choli* چولی, corset ou spencer;
Un *loung* لنگ, pagne pour la ceinture;
Un *kafn* كفن, chemise ou camisole;
Un *chadr* چادر, linceul;

doivent être préparés de manière à ce qu'ils puissent être adaptés au corps du défunt, sans avoir été cousus.

SECTION III.

Le Namâz-janaza.

On place le cadavre sur une civière, qui est

portée au cimetière, soit par les parents, ou même par des étrangers. Ceux qui suivent le convoi psalmodient des versets tirés de l'Alqoran.

Le namâz-janaza est l'office célébré avant d'enterrer le mort. Ce sont ordinairement des prières pour le repos de son âme.

SECTION IV.

Le Dafn.

Le dafn est la dernière cérémonie funèbre.

Après avoir terminé le namâz-janaza, on descend le mort dans la fosse, de manière que la tête se trouve placée au nord, les pieds au sud, et le visage tourné vers l'ouest, faisant face à la Kâba. Chaque assistant jette une poignée de sable et se retire.

Pendant quarante jours, les parents du défunt doivent, à chaque quinzaine ou à des intervalles plus rapprochés, donner à manger aux pauvres, et distribuer des aumônes.

Le deuil n'est pas en usage chez les musulmans; il leur est défendu de se livrer à la tristesse et de paraître affligés. Après avoir enterré le mort, on rentre chez soi pour rendre des actions de grâces au Créateur d'avoir daigné rappeler à lui sa créature. Si l'on ressent vivement la perte qu'on a faite, soit d'un père, soit d'un époux ou d'un bienfaiteur, il faut se borner à la pleurer en silence, sans exhaler au dehors sa douleur.

CHAPITRE VII.

DES PRÊTRES OU FAQIRS.

On appelle généralement faqirs, dans l'Inde, les mendiants ou mieux les pénitents qui vont récitant, dans les rues et les places publiques, des versets tirés de l'Alqoran ou de tout autre ouvrage. On les rencontre souvent dans des postures assez gênantes : par exemple, debout sur une seule jambe et portant les bras en l'air ou croisés sur la poitrine ; quelquefois assis tout nus au pied d'un arbre, et se laissant donner à manger par les passants qui leur portent les morceaux à la bouche. Ils affectent d'observer ainsi la plus parfaite immobilité.

Ce n'est point de ces faqirs qu'il va être question dans ce chapitre, mais bien de ceux qu'on voit dans les mosquées, portant un costume tout particulier. Ils sont d'ordinaire préposés à la garde des tombeaux des saints mahométans, et des chars sur lesquels sont placés les symboles destinés à rappeler le combat de Houçaïn, dont j'ai parlé dans le chapitre v, section III.

Ce qu'on va lire est le résultat des renseignements que j'ai recueillis dans l'Inde, auprès des qazi et autres musulmans. Il m'a été impossible de trouver un ouvrage, soit arabe, soit persan, qui renfermât des détails sur les ordres religieux dont je vais parler.

Les prêtres ou faqirs, chez les mahométans, sont divisés en quatre classes, savoir :

Banva faqir بانوا فقير ;
Malang faqir ملنك فقير ;
Jalali faqir جلالی فقير ;
Madari faqir مدار فقير .

Les individus dont se composent ces quatre classes descendent de quatre tribus qui existaient anciennement, et qui étaient nommées :

Qâdaria قادريه ;
Chestia چشتيه ;
Sárvaria سرورية ;
Tabaqâtia طبقاتيه .

Comme il faut être reçu *mourid* مريد (aspirant) avant d'entrer dans le faqirat, je diviserai ce chapitre en deux sections : l'une sera consacrée à l'admission dans l'ordre des mourid, et l'autre à l'admission dans celui des prêtres ou faqirs.

SECTION PREMIÈRE.

Admission dans l'ordre des Mourid.

Celui qui désire se faire recevoir mourid doit d'abord être âgé de seize ans au moins, puis se présenter au chef-prêtre nommé *pir* پير, ou *mourchid* مرشد, de la congrégation dans laquelle il veut entrer, et lui exposer sa demande. Si le mourchid l'agrée, il convoque une assemblée à laquelle tous les anciens mourids sont tenus d'assister. Il est facultatif d'y admettre le public.

L'assemblée réunie, le chef-prêtre fait placer devant lui le jeune néophyte, et lui adresse quelques

paroles d'édification ; puis il lui tend la main droite
que le néophyte prend dans les siennes ; alors le
chef-prêtre lit quelques passages de l'Alqoran et retire sa main : c'est la formalité du serment que prête
le mourid d'être fidèle aux obligations prescrites
par le Qoran aux religieux. Le mourchid fait ensuite
apporter un breuvage nommé *scharbat* شربت, pré-
paré d'avance, et composé soit avec du lait ou de
l'eau et du sucre ; il en boit une gorgée et donne
le reste au mourid, qui est tenu d'avaler le tout. A
la suite de cette cérémonie, le nouveau mourid,
complimenté par tous les assistants, fait distribuer
du bétel et des parfums ; après quoi le public se
retire. Les anciens mourid et le jeune novice restent
avec le chef-prêtre, qui s'approche du dernier et lui
parle tout bas à l'oreille, formalité après laquelle
il est définitivement reçu mourid.

Le mourid nouvellement admis prend, s'il le
veut, le costume affecté aux jeunes gens du même
grade que lui, et qui se compose d'un *táj* تاج ; d'un
kafni كفنى, chemise ; d'un *loung* لنگ, pagne pour la
ceinture ; d'un *manka* منكا, collier de grains servant
de chapelet ; d'un *khantá* كنتى, bracelets ; d'un *saylli*
سيلى, cordon composé de quelques brins de fil
coloré.

SECTION II.

Admission dans l'ordre des Faqirs.

Le mourid ne peut se disposer à entrer dans le
faqirat que lorsqu'il croit avoir suffisamment acquis

de connaissances en théologie. Les études qui lui sont prescrites par les règlements religieux le mettent à même de satisfaire aux conditions d'admissibilité au faqirat, que le grand-prêtre a dû lui faire connaître, dans l'entretien secret qu'il eut avec lui, en le recevant mourid. Le temps que durent ces études n'est pas limité ; le candidat, lorsqu'il le juge à propos, s'adresse au mourid, qui convoque une assemblée générale et le nomme faqir après les cérémonies d'usage. Ces cérémonies consistent à faire subir au candidat un examen public sur toutes les matières de théologie mahométane et de doctrines religieuses qu'il a dû étudier, et à lui faire prêter un serment de fidélité et d'entière soumission aux préceptes du Qoran. Le port du costume, qui est le même que celui des mourid, est obligatoire pour les faqirs.

Parmi les quatre classes de faqirs dont il a été parlé plus haut, il ne s'en trouve qu'une seule, celle des Banva faqirs, qui puisse contracter mariage : les trois autres ne le peuvent pas. Elles sont, du reste, toutes soumises aux lois religieuses, civiles et pénales, exposées dans le Traité des lois mahométanes.

LIVRE DEUXIÈME.

LOIS CIVILES.

TITRE PREMIER.

DE LA MAJORITÉ.

La majorité, chez les musulmans, est fixée de la manière suivante : un garçon est majeur à l'âge de seize ans accomplis ; une fille, dès qu'elle devient nubile.

Quoique majeur, le fils ne peut, du vivant de son père et à quelque âge qu'il soit parvenu, gérer ses biens ; il ne peut le faire qu'après sa mort.

Cette règle souffre deux exceptions qui, il est vrai, se présentent très-rarement.

Première exception. — Si le père use de la faculté que la loi lui accorde de partager, avant de mourir, ses biens entre ses enfants, le fils, dans ce cas, aurait naturellement l'usage et l'administration des biens qui lui sont échus en partage.

Seconde exception. — Si le fils se marie et quitte la maison paternelle pour aller vivre en son particulier, ce qui est peu en usage dans l'Inde ; dans ce cas aussi, le fils a la libre disposition des biens par lui acquis, ou qui lui auraient été donnés par son père à l'époque du mariage.

Quant à la fille, aucune loi ne lui permet de gérer ou administrer ses biens, si ce n'est avec l'assistance de son père, de son oncle, de son frère ou de son époux, et, à leur défaut, avec celle d'un tuteur, d'un curateur ou d'un conseil.

C'est au chapitre v du titre 1er qu'il faudra se reporter, si l'on désire connaître l'âge requis pour se marier, et celui auquel on peut se dispenser du consentement de ses parents, sans avoir à remplir aucune formalité préalable.

TITRE II.

DES SUCCESSIONS.

Le partage des biens d'une succession, chez les musulmans, est, sans contredit, un des points les plus difficiles de leur législation civile. Cette difficulté est d'autant plus grande que le Qoran, qui sert de règle en toutes matières, ne contient, sur celle-ci, que quelques dispositions générales qu'on trouve disséminées dans le chapitre iv, intitulé *les femmes.*

Voici ces dispositions :

Chapitre iv, verset 12. « Dieu vous commande, dans le partage de vos biens entre vos enfants, de donner au fils la portion de deux filles : s'il n'y a que des filles et qu'elles soient plus de deux, elles auront les deux tiers de la succession; s'il n'y a qu'une fille, elle recevra la moitié. Le père et la mère du défunt auront chacun le sixième de la succession, s'il a laissé un enfant; s'il n'en laisse aucun et que ses ascendants lui succèdent, la mère aura un tiers; s'il laisse des frères, la mère aura un sixième, après que les legs et les dettes du testateur auront été acquittés. Vous ne savez pas qui de vos parents ou de vos enfants vous sont plus utiles. Telle est la loi de Dieu. Il est savant et sage. »

Verset 13. « La moitié des biens d'une femme morte sans postérité appartient au mari, et un quart seulement si elle a laissé des enfants, les legs et les dettes prélevés. »

Verset 14. « Les femmes auront un quart de la succession de leurs maris morts sans enfants, et un huitième seulement s'ils en ont laissé, les legs et les dettes prélevés. »

Verset 15. « Si un homme hérite d'un parent éloigné ou d'une parente éloignée, et qu'il ait un frère ou une sœur, il doit à chacun des deux un sixième de la succession; s'ils sont à plusieurs, ils concourront au tiers de la succession, les legs et les dettes prélevés. »

Verset 16. « Sans préjudice des héritiers. Tel est le commandement de Dieu; il est savant et clément. »

Verset 175. « Ils te consulteront; dis leur : Dieu vous instruit au sujet des parents éloignés. Si un homme meurt sans enfants, et s'il a une sœur, celle-ci aura la moitié de ce qu'il laissera; lui aussi sera son héritier, si elle n'a aucun enfant; s'il y a deux sœurs, elles auront deux tiers de ce que l'homme aura laissé; s'il laisse des frères et des sœurs, le mâle aura la portion de deux filles. Dieu vous l'explique clairement, de peur que vous ne vous égariez. Dieu sait toutes choses. »

Dans la pratique, l'application de ces règles a suffi pour démontrer qu'elles n'avaient pas tout prévu. En effet, elles ne s'occupent nullement, ni de l'incapacité, ni des héritiers irréguliers, ni de la faculté accordée à tout musulman d'épouser plusieurs femmes, au nombre desquelles peut être comprise l'esclave croyante qu'il aurait préalablement affranchie, et qui lui succède de droit après sa mort; chose qui arrive très-fréquemment dans une succession, et qui aurait nécessité des dispositions toutes particulières.

Quelques docteurs musulmans entreprirent de commenter, ou mieux de compléter le Qoran, pour tout ce qu'il a pu omettre, par rapport aux successions. Ce travail n'était pas sans difficulté, dans l'Inde surtout où rien n'est plus sacré ni plus puissant que les intérêts de la famille, après ceux de la caste. La tâche du légiste, en cette matière, était très-délicate; car, pour l'accomplir sans blesser ni le caractère ni les mœurs des musulmans, il lui fallait ménager, d'une part, les liens qui unissent entre eux les divers membres d'une famille dont le nombre varie à l'infini, et, de l'autre, l'affection pleine de sollicitude que les Orientaux témoignent, non-seulement à leurs enfants et petits-enfants, mais encore à leur père et mère, frère et sœur, oncle, tante, neveu, nièce, cousin et cousine; de sorte que des parents jusqu'au cinquième et sixième degré, dans les trois lignes ascendante, descendante et collatérale, ne forment souvent qu'une seule et même famille vivant sous le même toit, mangeant à la même table, et mettant en commun le produit de son industrie, pour s'entr'aider et se soutenir mutuellement; et, si l'on fait la part des esclaves que la loi admet à succéder, pourvu qu'ils aient été affranchis avant le décès de leurs maîtres, on aura une idée des précautions que le légiste avait à prendre pour rester fidèle à l'esprit du Qoran, tout en se conformant aux mœurs et habitudes des musulmans établis dans l'Inde.

J'ai consulté plusieurs ouvrages écrits en persan, tant manuscrits qu'imprimés, qui traitent des successions, relativement aux musulmans de l'Orient. Tous, excepté le *Faraïz-i-Irtaziah*, m'ont paru devoir être peu consultés : leur étendue, et la multitude de matières qu'ils renferment, ont pour but d'occuper l'esprit sans le satisfaire. Mais la clarté, la précision et le peu d'étendue du traité intitulé *Faraïz-i-Irtaziah*, dont j'ai parlé dans ma préface, ont parfaitement répondu à mon attente : c'est l'unique source où j'ai puisé les documents que l'on va lire.

Mais, avant d'exposer tout ce qui peut avoir rap-

port aux successions, je donnerai quelques détails
sur le qazi, l'officier chargé d'interpréter et d'appli-
quer les lois chez les musulmans.

CHAPITRE PREMIER.

DU QAZI.

Le qazi, livre XXII du Kanz, est un officier qui
juge tous les différends; marie, assiste les testateurs,
reçoit les serments et interprète le Qoran. Il pourrait être assimilé à nos juges, avec cette différence
qu'à lui seul il cumule les fonctions de juge de paix,
juge civil et juge criminel.

Les qualités requises pour être reçu qazi sont les
suivantes :

1° Être libre;

2° D'un âge mur;

3° Doué d'une bonne vue;

4° Ni sourd ni muet;

5° D'un esprit sage et réservé ;

6° D'un caractère grave.

7° Les fonctions de qazi ne peuvent être confiées
à une femme.

Les connaissances que la loi exige du qazi sont :

1° Posséder à fond la langue arabe;

2° Connaître parfaitement le Qoran et ses commentaires;

3° Être au courant de ce qui a été dit, relativement aux devoirs du qazi, par Mahomet, dont les

préceptes sur ce point ont été recueillis et conservés dans le livre intitulé *Tirmazi* ترمزى;

4° Savoir distinguer le *Nâsouk* ناسخ du *Mansouk* منسوخ[1];

5° Être à même de faire la différence existant entre les *Sahbâ* صحابة, les *Tabiïn* تابعين, les *Moutatabiïn* متتابعين et l'*Ijmâ* اجماع[2];

6° Résoudre toutes les questions qui peuvent s'élever à cet égard.

Les fonctions d'un qazi se réduisent à présider un tribunal nommé *Mahacama*, dont les audiences sont publiques; il est composé du qazi, de deux juges suppléants *mouftis* مفتى, de quatre ou cinq *mounchi* منشى ou interprètes, et d'un secrétaire *nâyib-et-qazi* نايب قاضى, qui siégent tous assis sur des tapis de Perse. Le qazi, comme président, a devant lui un petit bureau dont la hauteur est d'environ un pied et demi, sur lequel est placé le Qoran.

CHAPITRE II.

DES HÉRITIERS LÉGITIMES.

La loi mahométane admet trois classes d'héritiers légitimes, savoir :

[1] Le *nâsouk*, c'est toute disposition qui annule, qui abroge; et le *mansohk*, toute disposition abrogée.

[2] Les *sahba* étaient les disciples de Mahomet, de son vivant; les *tabiïn* furent les successeurs des *sahba*, après la mort du prophète, et les *moutatabiïn* vinrent après les *tabiïn*.

Quant à l'*ijmâ*, c'est l'assemblée des quatre Imams, Hanifa حنيفة, Malik مالك, Schâfi شافعى et Hanbal حنبل.

Les *asahbé-faraïz* احصاب فرايض ;
Les *asbât* عصبات ;
Les *zavioul-arhâm* زوى الارحام.

SECTION PREMIÈRE.

Des Asahbé-faraïz.

Tout individu à qui la loi confère la qualité d'héritier légitime dans une succession, se nomme asahbé-faraïz, mots arabes signifiant « maîtres ou possesseurs des successions : » asahbé, pluriel de صاحب
saheb (maître ou seigneur), et faraïz, pluriel de فرض
farz (succession). De sorte que les *asbât* et les *zavioul-
arhâm* sont aussi des *asahbé-faraïz*, sauf les restric-
tions que la loi y apporte.

PREMIÈRE SÉRIE.

Asahbé-faraïz proprement dit.

Ce sont : la fille, la petite-fille (du côté du fils), la
mère, la grand'mère paternelle, les sœurs germaines
(*ayinï* عينى), consanguines (*alâqii* علاقى) et utérines
(*aquiâfii* اخياى), le fils de la mère ou beau-fils,
l'époux et l'épouse.

DEUXIÈME SÉRIE.

Asahbé-faraïz compris sous le titre d'Asbât.

Ce sont : le fils, le petit-fils (du côté du fils), le
père, le grand-père paternel, les frères germains
(*ayini* عينى), consanguins (*alâqi* علاقى) et utérins
(*aquiafi* اخياى), les enfants de ces frères, les oncles
(frères germains entre eux), les enfants de ces oncles,

les oncles (frères germains ou utérins entre eux), les enfants de ces oncles, le maître qui a affranchi l'esclave, les parents de cet esclave.

TROISIÈME SÉRIE.

Asahbé-faraïz compris sous le titre de Zavioul-arhâm.

Ce sont : les oncles et les tantes paternels et maternels, les neveux et les nièces, soit du côté des frères ou des sœurs, les petits-fils et filles, les arrière-petits-fils et filles, issus du fils ou de la fille.

SECTION II.
Des Asbât.

La qualité seule d'héritier ne suffit pas pour être admis à réclamer sa part dans une succession; il faut encore que le degré de parenté qui lie le défunt aux réclamants soit assez rapproché pour conférer à ceux-ci le droit de se porter héritiers avec ou sans le concours de certains cohéritiers.

Les successibles auxquels la loi reconnaît ce droit se nomment asbât.

Les asbât se divisent :

En *nacebia* نسبية, héritiers du sang;

Et *sababia* سببية, héritiers auxquels la loi accorde des droits sur les biens du défunt sous certaines conditions : tels sont les esclaves (captifs) affranchis du vivant de leurs maîtres.

Des Nacebia.

On distingue trois sortes de nacebia :

L'asabia-bé-nafsihi عصبة بنفسه ;

L'asabia-bé-gaïra عصبة بغيرها ;

L'asabia-ma-gaïra عصبة مع غيرها.

1° L'asabia-bé-nafsihi عصبة بنفسه est un héritier mâle entièrement séparé de la ligne féminine.

En premier lieu, c'est le fils (*jouz-vé-mayet* جزو ميت); à défaut du fils, c'est le petit-fils, l'arrière-petit-fils, etc.

En second lieu, c'est le père (*açal-é-mayet* اصل ميت); à défaut du père, c'est le grand-père.

En troisième lieu, ce sont les frères (*jouz-vé-jaddé-mayet* جز وجد ميت) et leurs descendants mâles.

En quatrième lieu, ce sont les oncles (*jouz-vé-abbé-mayet* جز واب ميت) et leurs descendants mâles.

2° L'asabia-bé-gaïra عصبة بغيرها est une héritière liée de près à chacun des quatre asabia-bé-nafsihi qui précèdent, et au même degré qu'eux.

Ainsi la fille devient asbât avec le fils; autrement dit, elle peut se présenter en même temps que son frère pour réclamer sa part;

La petite-fille (du côté du fils), avec son frère;

Les sœurs, avec leurs frères.

Il est à remarquer que les héritiers dont les noms ne figurent pas dans la première série comme asah-bé-faraïz, ne deviennent pas asbât avec les asabia-bé-nafsihi du même degré qu'eux, et compris sous le titre d'asbât dans la deuxième série. Ainsi la tante paternelle et la fille de l'oncle paternel, qui sont des zavioul-arhâm, et, par conséquent, ne figurent pas dans la première série, ne peuvent, en aucun cas, se présenter au partage avec leurs frères asabia-bé-nafsihi, à moins d'admettre l'extinction totale ou presque totale des asahbé-faraïz de la première série.

En résumé, la loi semble avoir accordé aux héritiers asabia-bé-nafsihi et asabia-bé-gaïra, qui font l'objet des deux alinéa précédents, un privilége bien marqué sur tous les autres héritiers. Ils concourent donc seuls au partage de la succession, à l'exclusion des zavioul-arhâm qui ne sont admis à hériter qu'après tous les autres. Toutefois, pour ce qui concerne l'asahbé-faraïz, en personne, il faut reconnaître que, quoique même il possède la qualité d'héritier légitime, il ne vient à la succession qu'en prenant le titre d'asbât, titre auquel il ne peut prétendre, si son cohéritier au même degré que lui n'est pas un asabia-bé-nafsihi.

De là cette conséquence dont les résultats s'étendent aux zavioul-arhâm aussi, comme on le verra dans la troisième section, qu'il ne suffit pas de la seule qualité d'asahbé-faraïz ou héritier légitime pour succéder; il faut encore celle d'asbât, qui ne se confère que de la manière indiquée dans la section ii.

3° L'*asabia - ma - gaïra* عصبة مع غيرها est un héritier ou une héritière qui succède (مع) avec les gaïra de l'alinéa 2.

Si la mort d'un ou de plusieurs héritiers, tant asahbé-faraïz qu'asbât, permettait aux zavioul-arhâm de succéder, ils ne peuvent le faire qu'en prenant

3.

la qualité d'asabia-ma-gaïra , qui leur confère le droit de concourir au partage de la succession avec les gaïra ou nacebia du 2ᵉ ordre. (Voir la section ııı de ce chapitre.)

Des Sababia.

L'expression arabe *sababia* se prend dans les deux sens de *captif* et de *capteur*. La loi n'a rien changé à cette signification; au contraire, elle ne fait que la consacrer en l'appliquant à la manière légale dont un captif, devenu esclave, est admis à succéder à son maître qui l'a affranchi avant de mourir, et réciproquement.

Les esclaves, chez les musulmans, sont ou achetés, *mavalât* موالات , ou échus en partage dans la distribution d'un butin, ou mieux, *capturés* سبيبة . La loi entend, par les premiers, des esclaves d'origine (Qoran, chapitre ıv, verset 2 9); et par les seconds, des captifs devenus esclaves (Qoran, chapitre ıv, verset 28). Il ne va être question ici que des captifs; quant aux esclaves d'origine, c'est au chapitre. ııı des successions irrégulières qu'il faudra se reporter.

En général, pour hériter d'un esclave ou admettre un esclave à hériter, il faut que l'affranchissement ait eu lieu *ante mortem* dans l'un et l'autre cas. Cette règle ne souffre aucune exception; elle est d'une application rigoureuse.

Si, d'une part, il est facultatif aux mahométans d'épouser leurs captives devenues esclaves (Qoran, chapitre ıv, verset 28), de l'autre, l'esclave affran-

chi peut s'attacher à son maître par un pacte d'amitié
(Qoran, chapitre IV, verset 37).

Dans le premier cas, la captive vient à la succession du défunt en sa qualité d'épouse, prélève la dot qui lui a été constituée, et réclame sa part héréditaire qui est d'un huitième au minimum et d'un quart au maximum. (Voir le chapitre V de ce titre.) Dans le second cas, le maître ou ses héritiers succèdent à la totalité des biens que l'esclave affranchi a pu laisser, conformément à la loi; cela ne souffre aucune difficulté, car l'héritier légal et présomptif de l'esclave, c'est le maître qui le possède.

SECTION III.

Des Zavioul-arhâm

Cette troisième et dernière classe d'héritiers légitimes se compose de ceux qui n'ont pas été compris dans les deux divisions dont je viens de parler, sous le titre d'asbât et d'asahbé-faraïz.

Les zavioul-arhâm, ou parents du défunt du côté de sa mère, n'ont aucun droit à exercer, si les asbât et les asahbé-faraïz de la première série sont tous vivants au moment du partage. L'extinction totale ou presque totale de ces derniers peut seule donner lieu à quelque réclamation de leur part. Toutefois, ils n'héritent qu'en prenant le titre de asabia-ma-gaïra, comme on a pu le voir dans la section II.

Le zavioul-arhâm qui use de la qualité de ma-

gaïra, avec laquelle il se porte héritier, concurremment avec les gaïra, et par suite avec les nafsibi,
si les gaïra n'existaient pas, n'est rien moins qu'un
asahbé-faraïz ou héritier légitime, capable de devenir asbât ou privilégié, dans les cas où la loi le
permet; mais toujours est-il qu'il ne lui suffit pas de
la qualité seule d'asahbé-faraïz; celle d'asbât ne lui
est pas moins nécessaire et même indispensable;
ce qui se réfère à la conséquence tirée plus haut.
(Voir la section ii.)

Les zayioul-arhâm sont divisés en quatre classes :

La première comprend les descendants en ligne
directe du défunt, les enfants de sa fille, les filles
de son fils.

La seconde comprend ses ascendants au deuxième,
troisième et quatrième degré : son grand-père, sa
grand'mère paternelle et maternelle, son aïeul.

La troisième classe comprend les descendants en
ligne directe du père et de la mère du défunt, ou
ses collatéraux : ses frères et sœurs, leurs enfants.

La quatrième comprend les descendants en ligne
directe du grand-père et de la grand'mère du défunt; ou bien les collatéraux de son père : ses oncles
et tantes paternels et maternels, et leurs enfants.

CHAPITRE III.

DES SUCCESSIONS IRRÉGULIÈRES.

Les successions irrégulières admises par la loi
mahométane sont de quatre sortes, savoir :

Les *mavalât* موالات ;

Les *soubouté-nasab* سبوت النسب ;

Le *vacia-koul* وصيه كل ;

Le *baïtoul-mâl* بيت المال .

1° Les mavalât sont les esclaves achetés par le défunt, qu'il employait à son service, et auxquels il a donné la liberté avant de mourir : ce sont ceux dont fait mention le chapitre IV, verset 29, du Qoran. Ils héritent du défunt, dans le cas où aucun de ses héritiers légitimes, soit asahbé-faraïz *ou* asbât *ou* zavioul-arhâm, n'existerait pour recueillir sa succession. Parmi ces esclaves, ceux que le défunt paraissait affectionner le plus doivent être admis à lui succéder de préférence aux autres.

2° Le soubouté-nasab est un enfant que le défunt a élevé et toujours fait passer pour le sien propre, sans avoir jamais refusé de le reconnaître pour tel, même au lit de la mort : c'est l'enfant adoptif, d'après le code civil français.

8° Le vacia-koul est un ami auquel le défunt a légué la totalité de ses biens, dans le cas où aucun de ses parents n'existerait pour recueillir sa succession. C'est le légataire universel, d'après notre code. Vacia-koul est composé de *vacia* وصيه, qui signifie *don, donation* ou *legs*, et de *koul* كل, qui veut dire *tout, totalité*.

4° Le baïtoul-mâl, c'est le trésor public, ou mieux l'État.

CHAPITRE IV.

DES MAVANIA-OUROUSA موانع ورثه OU EXCLUS DU PARTAGE.

Les personnes que la loi écarte comme indignes de succéder (*mavania-ourousa* موانع ورثه), sont divisées en cinq catégories.

Première catégorie. — Les esclaves (*rik-kamil* رق كامل) qui n'ont pas été affranchis du vivant de leurs maîtres; ce qui comprend : 1° les *mokatib* مكاتب, esclaves ordinaires non affranchis; 2° les *moudabbirs* مدبر, esclaves qui ont reçu de leurs maîtres un écrit par lequel la liberté leur est promise, mais qui ne l'ont pas recouvrée; et 3° les *oumavalad* ام ولد, esclaves qui ont eu des enfants de leurs maîtres, sans avoir été préalablement affranchies.

Deuxième catégorie. — Les héritiers qui ont donné la mort à leurs cohéritiers, *katal-mourouce* قتل موروث.

Troisième catégorie. — Les héritiers qui n'ont pas la même religion que le défunt, *iktilaf-é-dine* اختلاف دين (différence de religion).

Quatrième catégorie. — Les *iktilaf-é-dars* اختلاف دار ou individus qui, ayant embrassé des carrières différentes, ne sont pas reçus à hériter les uns des autres. Ainsi un marchand ne succède pas à son frère dont la profession était militaire : ils sont iktilaf-é-dars entre eux.

Cinquième catégorie. — Ceux qui se trouvent

dans un cas d'*ibham* ابهام. Ibham signifie doute sur le moment précis du décès de deux personnes qui ont péri ensemble.

Pour rendre sensible par un exemple l'application des règles à suivre en pareils cas, je suppose qu'un père se mette en voyage avec son fils, et qu'une tempête les surprenne dans le cours du voyage.

Il peut arriver trois cas :

Premier cas. — Si le père meurt et que le fils se sauve, le fils hérite du défunt.

Deuxième cas. — Si le père et le fils meurent tous deux, sans qu'on sache qui des deux a expiré le premier, l'État profite des biens laissés par les naufragés.

Troisième cas. — Si tous deux périssent, mais que quelqu'un vienne déposer qu'il a vu le père expirer le premier, sa succession est partagée entre ses autres héritiers.

CHAPITRE V.

MANIÈRE LÉGALE DE DIVISER UNE SUCCESSION.

La portion d'hérédité à laquelle chaque héritier au degré successible peut prétendre dans le partage des biens d'une succession, a été déterminée et fixée par la loi.

Elle est, suivant les cas : d'un huitième, *soumoun* ثمن ; d'un sixième, *soudous* سدس ; d'un quart, *roub*

ربع ; d'un tiers, *soulous* ثلث ; d'une demi, *nisf* نصف ;
de deux tiers, *soulouçan* ثلثان.

Voici les héritiers qui, assez fréquemment, concourent à chacune de ces quotités :

L'épouse, le minimum de sa part est un huitième.

Le père et la mère, le grand-père et la grand'-
mère paternels, le minimum de la part échéant à
chacun d'eux est un sixième.

L'époux, le minimum de sa part est un quart.

La fille, si elle vient concurremment avec le fils
(son frère germain), le minimum de sa part est un
tiers.

La fille, si elle vient concurremment avec tout
autre parent que le fils (son frère germain), le minimum de sa part est deux tiers.

Le fils, le minimum de sa part est deux tiers.

Outre ces bases qui ne varient jamais, on peut,
dans les cas douteux ou d'une solution difficile, se
reporter à la règle : deux tiers pour les garçons et
un tiers pour les filles, applicable aux descendants
comme aux ascendants et aux collatéraux. Elle tire
son principe des dispositions contenues au verset 38
du chapitre iv du Qoran, ainsi conçu : « Les hommes
sont supérieurs aux femmes à cause des qualités par
lesquelles Dieu a élevé ceux-là au-dessus de celles-
ci, et parce que les hommes emploient leurs biens
à doter les femmes. Les femmes vertueuses, etc. »

D'où cet axiome si commun chez les musulmans :
Les mâles sont plus nobles que les filles. Ainsi le père
et la mère, s'ils succèdent à la totalité des biens de

leur enfant qui n'a laissé qu'eux d'héritiers, auront, le père, les deux tiers, et la mère, le tiers de ses biens. Au lieu du père et de la mère, si ce sont le fils et la fille ou le petit-fils et la petite-fille, ou même le frère et la sœur; dans chacun de ces cas, le garçon prendra les deux tiers, et la fille le huitième.

CHAPITRE VI.

DE LA PART ET PORTION DE L'HÉRITIER À NAÎTRE.

L'auteur du *Faraïz-I-Irtaziah* rapporte, au chapitre xiv, l'opinion de trois Imams qui ne sont pas d'un avis unanime sur la part et portion qu'il faudra réserver pour l'héritier qui est encore dans le sein de sa mère.

D'après lui, l'Imam Hanifa prétendrait que la part réservée devrait être égale à celle qui écherrait à quatre héritiers mâles, dans la possibilité que les quatre enfants (maximum du nombre d'enfants dont une femme peut accoucher, d'après les musulmans) ne naissent tous garçons.

L'Imam Mohammed fixerait à deux les portions réservées, égales toutefois à deux portions d'héritiers mâles.

L'Imam Abû-Youçof n'en exigerait qu'une.

Enfin la part réservée, suivant que l'on adoptera l'une ou l'autre de ces trois opinions, est remise au plus proche parent, qui en délivre un récépissé au qazi ; et l'enfant ou les enfants, à leur naissance, héritent chacun d'une portion d'héritier mâle, sur les biens réservés : l'excédant, s'il y en a, est partagé entre tous les héritiers légitimes, en comprenant le nouveau-né. Mais, s'il arrive que la femme est près de son terme, au moment de la mort de son époux, les biens ne peuvent être immédiatement mis en partage. Il faut qu'il y ait au moins un intervalle de quatre mois entre le décès et le partage.

CHAPITRE VII.

RÈGLES À OBSERVER DANS LA LIQUIDATION D'UNE SUCCESSION.

Première opération : On payera les frais de la dernière maladie et des funérailles du défunt.

Seconde opération : On remettra à l'épouse la dot qui lui a été constituée lors de son mariage avec le défunt.

Troisième opération : On acquittera toutes les dettes en général.

Quatrième opération : On fera la remise des legs portés au testament, si testament il y a; ces legs ne pourront toutefois excéder le tiers des biens du défunt, comme on le verra dans le titre suivant.

Cinquième opération : On écartera les indignes et les incapables de succéder (mavania-ourousa).

Sixième opération : On partagera la totalité des biens ou les deux tiers seulement en cas de legs, entre les héritiers asabbé-faraïz et asbât. Si ceux-ci sont tous morts ou qu'il n'en reste que quelques individus, on procédera de la manière suivante : dans le premier cas, la totalité des biens ou les deux tiers seulement seront partagés entre les héritiers dits zavioul-arhâm ; et, dans le second cas, après avoir remis aux asbât et aux asahbé-faraïz survivants la part et portion qui leur revient, le reste, s'il y en a, sera partagé entre les héritiers dits zavioul-arhâm.

Septième opération : S'il arrive que les asahbé-faraïz, les asbât et les zavioul-arhâm, seuls héritiers légitimes du défunt, sont tous morts, dans ce cas la succession sera dévolue aux mavalât, ou au soubouté-nasab, ou au vacia-koul, ou enfin à l'État, conformément à ce qui a été établi au chapitre iii des successions irrégulières.

TITRE III.

TESTAMENTS ET LEGS.

CHAPITRE PREMIER.

DES TESTAMENTS.

Le verset 176 du chapitre ii du Qoran prescrit à tout musulman qui se trouve à l'approche de la mort, de laisser, par testament, ses biens à ses père et mère et à ses proches parents d'une manière généreuse. C'est un devoir, dit le verset, pour tous ceux qui craignent Dieu.

Cette mesure, quoique très-sage, n'en est pas moins une source intarissable de discussions et de procès qui causent la ruine et le malheur des familles. Et, en effet, la forme du testament, qui n'est que verbale, si l'on s'en rapporte aux versets 177 et 178 du chapitre II, et 105, 106 et 107 du chapitre V, n'offre aucune garantie pour l'exécution fidèle et littérale des dernières volontés du défunt.

Celui qui se trouve à l'approche de la mort, appelle donc deux témoins (deux hommes droits, dit le verset 105 du chapitre V), choisis parmi les musulmans ou parmi les étrangers, s'il est en pays étranger, et s'enferme avec eux après la prière.

Quoique le choix doive porter sur des hommes d'une moralité connue, le testateur peut, s'il doutait de leur bonne foi, leur faire prêter ce serment devant Dieu : « Nous ne vendrons pas notre témoignage à quelque prix que ce soit, pas même à nos parents, et nous ne cacherons pas notre témoignage, car nous serions criminels. »

Si le testateur avait la preuve évidente que ces témoins ont prévariqué ou sont prêts à le faire, il peut leur en substituer deux autres, choisis parmi ses parents, et du nombre, autant que possible, de ceux qui ont découvert le parjure.

Voici en quels termes les nouveaux témoins jureront de rendre hommage à la vérité :

« Nous prêtons serment devant Dieu que notre témoignage est plus vrai que celui des deux autres ;

nous n'avançons rien d'injuste, autrement nous serions du nombre des criminels. »

Telles sont les formalités que le testateur doit
avoir remplies, s'il tient à l'accomplissement de ses
dernières volontés.

Il est inutile de m'appesantir sur les consé-
quences dangereuses d'un testament dont l'exécution est confiée à la bonne foi des hommes : passe
encore des étrangers; mais des proches parents,
cela ne se conçoit pas. Pour combler la mesure, ce
testament peut rester sans recevoir aucune espèce
d'exécution, et « celui, dit le verset 178 du chapitre II, qui, craignant une erreur ou une injustice
de la part du testateur, aura réglé les droits des
héritiers avec justice, n'est point coupable. » S'il
avait dit que le juge ou le qazi, assisté des chefs et
notables du pays, pouvait, sur la demande des plus
proches parents du défunt, révoquer un testament
dicté dans un moment de colère ou de haine, c'eût
été conforme aux idées de justice et d'ordre public
qui doivent, en tout temps et en tous lieux, régler
ces sortes de matières. Mais la généralité des termes
du verset 178 nous dispense de tout commentaire;
c'est aux travaux des Imams et des légistes qui ont
fixé la jurisprudence mahométane sur ce point,
qu'il faut recourir pour trouver de quoi combler
une lacune qui ne peut pas exister. J'aurais voulu
le faire à mon tour; mais l'étendue et le cadre,
déjà tracé, de ce recueil, ne me l'ont pas permis.

CHAPITRE II.

DES LEGS.

La faculté de tester comportant nécessairement celle de léguer, voici les règles qu'on trouve établies, à cet égard, dans le Qoran et les commentaires des Imams.

I. Tout legs particulier (*vacy* وصى), fait au profit, soit des parents, soit des étrangers, ne peut excéder le tiers des biens du défunt, et devient réductible si ce chiffre a été dépassé. Ce qui revient à dire que la portion disponible, chez les musulmans, est du tiers de la fortune qu'on possède; quotité qui reste toujours la même et ne varie pas, comme dans le Code civil, en proportion du nombre, plus ou moins grand, d'enfants qu'on laisse à sa mort.

II. Tout legs particulier est une véritable dette, et doit donc s'acquitter en même temps que celles qui grèvent la succession du défunt, et préalablement à tout partage de biens entre les héritiers.

III. Un cas où il devient obligatoire de léguer, c'est lorsqu'un musulman meurt, laissant après lui une ou plusieurs femmes : la loi lui prescrit d'assigner à chacune d'elles un legs destiné à leur entretien pendant une année, afin qu'elles ne se voient pas contraintes de quitter la maison. (Qoran, chapitre II, verset 241.)

Le verset suivant ajoute : « Un entretien honnête est dû aux femmes répudiées. » C'est donc encore un cas où l'obligation de léguer est reconnue indispensable. Les sommes ainsi léguées, et qui d'ordinaire sont fort minimes, ne portent aucun préjudice à la dot constituée que la femme prélève avant même l'acquittement des dettes.

IV. Tout musulman a la faculté d'instituer un légataire universel, *vacia-koul* وصی کل (chapitre III, des successions irrégulières). L'absence totale d'héritiers légitimes et d'héritiers reconnus par la loi, comme devant succéder après ceux-là, donne lieu à l'exercice de ce droit, auquel la loi ne paraît avoir apporté aucune restriction.

TITRE IV.

DES CONTRATS OU OBLIGATIONS.

Le contrat pour dette est le seul dont je vais m'occuper. Il est d'un usage tellement fréquent dans les actes ordinaires de la vie, que je n'ai pas cru inutile d'en parler ici.

I. Toute dette, petite ou grande, solvable à une époque déterminée, doit être mise par écrit, si l'on tient à ce qu'elle soit réputée et reconnue valable.

II. Les parties contractantes ne peuvent, ni l'une ni l'autre, tenir la plume; c'est un écrivain et un écrivain public (le tabellion dans l'Inde) qui rédige l'acte sous la dictée du débiteur et en présence de deux témoins choisis parmi les musulmans ou les étrangers; à défaut de deux témoins hommes, on en appelle un seul et deux femmes habiles à témoigner.

III. Si le débiteur est ignorant ou n'est pas en état de dicter, le créancier peut le faire pour lui, en se conformant aux clauses et conditions d'après lesquelles la dette a été contractée.

VI. Le contrat de dette, pour être admis et faire foi en justice, doit donc contenir : 1° la date du jour de la rédaction et celle du payement; 2° la désignation des lieux où la dette a été contractée et où elle est acquittable; 3° le montant de la dette; 4° le taux des intérêts; 5° les conditions du payement; 6° les noms et signatures des parties contractantes, des témoins et de l'écrivain public qui doit avoir écrit le tout de sa main, et signé au bas de l'acte comme rédacteur.

VII. Si la loi ordonne aux contractants de ne faire violence ni à l'écrivain ni au témoin, elle prescrit aussi aux témoins de ne pas refuser de faire leurs dépositions toutes les fois qu'ils en seront requis, et à l'écrivain d'écrire selon la science que Dieu lui a enseignée.

VIII. On peut se dispenser d'avoir recours à la forme écrite, si la chose qui fait l'objet de la transaction est devant les yeux, si c'est un corps certain susceptible de tradition manuelle et dont la possession immédiate vaudra titre.

IX. En voyage, comme on peut être exposé à
ne pas rencontrer d'écrivain, celui qui contracte
une dette est tenu de nantir un objet quelconque,
pour servir de garantie au payement de la somme
due ou prêtée. L'objet nanti doit, si l'acquittement
a lieu, être restitué intact à celui qui l'avait confié.

TITRE V.

DU CONTRAT DE MARIAGE.

Les décisions des Imams Hanifa, Malik', Schâfi et
Hanbal, et celles de leurs disciples Abû-Youçof,
Mohammed et Jafar, rapportées dans le présent titre,
ont été toutes extraites des chapitres vi et vii du
Kanz, que je me réserve de publier séparément avec
une traduction littérale.

Toutes les fois qu'il m'a été possible de recourir
aux textes originaux de ces décisions, je me suis
empressé d'en faire des extraits ou même de les in-
tercaler tout entiers, en les comprenant entre des
guillemets. Ces citations auront l'avantage de tenir
le lecteur au courant des opinions diverses émises,
par les docteurs musulmans, sur tout ce qui est
relatif au mariage.

CHAPITRE PREMIER.

LE NIKÂH.

Le mariage, suivant l'Imam Hanifa, est «l'union que l'on contracte de son propre gré avec une femme, en se proposant de la nourrir et de la vêtir. »

La loi religieuse ordonne aux parents de marier leurs enfants, ou, comme le dit cet Imam, « le nikâh de convention est une obligation religieuse imposée par la *sonnate* سنت (traditions de Mahomet). »

Quant aux enfants, dans le silence de la loi religieuse, la nature leur commande de rechercher le mariage; d'où il faut conclure, avec le même légiste, que «le nikâh d'inclination est un devoir naturel (*vagib* واجب). »

Quelques auteurs divisent le nikâh en *mûtat* متعه, et en *moaqid* معقد; mais les Imams, dont la doctrine a prévalu dans l'Inde, rejettent ces deux formes de mariage comme contraires à la religion et aux bonnes mœurs.

Le mûtat a lieu lorsqu'en présence de deux témoins on épouse une femme avec la condition de la renvoyer après quelques jours de cohabitation;

Et le moaqid, lorsqu'on se marie en disant à la femme : «Je te donnerai dix *diram* درم, veux-tu devenir mon épouse? »

L'Imam Malik admet le mûtat;

L'Imam Jafar, le moaqid.

CHAPITRE II.

DES CONDITIONS REQUISES POUR LA VALIDITÉ DU MARIAGE.

Le mariage, chez les musulmans, n'est réputé légitime, aux yeux de la loi, que par le concours des quatre circonstances suivantes, sans lesquelles il est censé ne produire aucun effet civil :

1° L'assistance d'un ou de plusieurs *vali;*

2° Le consentement libre et mutuel des parties contractantes ;

3° Une constitution de dot ;

4° La présence de deux témoins.

SECTION PREMIÈRE.

Le Vali.

L'homme qui est chargé de communiquer les intentions, demandes, refus, acceptations des deux futurs époux, se nomme *vali* ولي, qui veut dire *mandataire*.

On en nomme plusieurs de part et d'autre ; le nombre n'en est pas limité. Les vali de la fille sont ténus de l'assister et de prendre la parole pour elle, si le cas l'exige. Ceux du jeune homme sont plutôt considérés comme médiateurs entre les deux parties : aussi prennent-ils toujours l'initiative.

A défaut de parents asbât[1], la mère sera nommée vali ;

[1] Les parents *asbât* sont : le père, le grand-père ; le fils, le

A défaut de la mère, la sœur germaine ;

A défaut de celle-ci, la sœur consanguine ;

A défaut de celle-ci, la sœur utérine ;

A défaut de la sœur utérine, les parents du côté de la mère, dits *zavioul-arhâm* زوى الارحام (voy. le titre II, liv. II, des successions) ;

A défaut de ces parents, le qazi.

Les principes que je viens d'exposer, concernant le vali, sont le résumé des décisions des Imams dont je donne des extraits ci-après :

I. « I. Hanifa. Les parents asbât rempliront la mission de vali, suivant le rang qu'ils occupent dans les successions.

« Un parent éloigné ne pourra être nommé vali, s'il en existe de plus proche.

« Mais, à défaut de proches parents, ceux d'un degré plus éloigné peuvent être choisis pour vali. »

« I. Jafar. A défaut de proches parents, personne ne sera vali. »

« I. Mohammed. A défaut de proches parents, on prendra le qazi pour vali. »

« I. Schâfi. Non. C'est le sultan qu'on choisira. »

II. « I. Hanifa. Le mariage fait par un vali (parent d'un degré éloigné), nommé en l'absence de parents plus proches, ne pourra pas être annulé au retour de ceux-ci. »

« I. Jafar. Si, il pourra l'être. »

III. « I. Hanifa. Un esclave ne peut servir de vali

petit-fils ; les oncles paternels ; les frères, soit germains, soit consanguins, soit utérins.

à un homme libre ; un mineur, à un majeur ; un *kafir* كافر (infidèle), à un croyant ; un aliéné, à une personne saine d'esprit. »

IV. « I. Hanifa. Le fils seul pourra servir de vali à sa mère, dont l'esprit paraîtrait aliéné ou faible. »

« I. Mohammed. C'est le père et non le fils. »

V. « I. Hanifa. Le mariage d'une fille libre, nubile et saine d'esprit, peut avoir lieu sans l'intervention d'un vali. »

« I. Mohammed. Non. L'intervention d'un vali est indispensable. »

VI. « I. Hanifa. Un vali ne peut employer de contrainte ni physique ni morale pour décider une fille nubile à se marier. »

« I. Schâfi. Si, il le peut. »

VII. « I. Hanifa. Un vali peut marier une fille impubère, comme une fille sahibâ [1], et, dans ce cas, ce vali devra être un *asbât* عصبات (parent très-proche). »

---

[1] Les musulmans reconnaissent une fille comme vierge ou comme *sahibâ* صاحبة (femme, quoique non mariée). Les décisions des Imams, à cet égard, méritent d'être connues. Les préjugés de l'Inde font qu'on y a très-souvent recours ; mais toujours est-il que c'est un point sur lequel peu de personnes tombent d'accord. Voici ce qu'on lit dans le *Kanz* :

« I. Hanifa. La virginité ne se perd pas parce que la fille aura enjambé un ruisseau ou un espace quelconque de terrain, ni par le flux menstruel ; ni par une blessure aux parties génitales ; ni par un long célibat ; ni par la *pollutio manualis*. »

« I. Abû-Youçof et Mohammed. Par la *pollutio manualis*, la fille devient *sahibâ* صاحبة (femme). »

« I. Schâfi. Dans tous les cas mentionnés par l'Imam Hanifa, la fille devient *sahibâ*. »

« I. Schâfi. Il n'y a point de valiahdi ولي عهدى
(assistance) pour une fille impubère. »

« I. Malik. Si, il peut y en avoir; mais, excepté le
père, nul autre ne pourra être vali dans ce cas. »

VIII. « I. Hanifa. Si une fille a épousé un jeune
homme qui ne lui était pas assorti, le vali peut
demander l'annulation de ce mariage avant la naissance d'un enfant. »

« I. Malik. Rien ne peut faire annuler ce mariage,
si ce n'est l'avis unanime de tous les vali qui y ont
pris part. »

« I. Abû-Youçof. Le silence des autres vali ne
pourra jamais être considéré comme un acquies-
cement tacite à l'annulation de ce mariage. »

IX. « I. Hanifa. Quoique le vali ait gardé le silence pendant les publications et affiches, il n'en
conserve pas moins, pour cela, le droit de s'opposer à la célébration du mariage, si toutefois il
croit devoir le faire. »

SECTION II.

L'Ijâb et le Qaboul.

L'*ijâb* الإيجاب, c'est le consentement de la fille qui
accepte la main du jeune homme en se contentant
de la dot qu'il lui propose.

Le *qaboul* قبول, c'est le consentement du jeune
homme d'accorder à la fille la dot qu'elle lui demande.

Le nikâh n'est parfait que par le consentement

mutuel des deux parties; celles-ci, en donnant leur consentement, doivent employer le verbe *consentir* au temps passé. La femme dira : « J'ai consenti à devenir son épouse; » et l'homme : « J'ai accepté son consentement. »

Il se peut que l'un emploie le futur et l'autre le passé, et *vice versâ*, Exemple : si l'homme dit : « Voudra-t-elle devenir mon épouse? » il faut que la femme réponde : « J'ai consenti. »

Pour que le nikâh remplisse les conditions requises par la loi, il faut que le mot *tadjviz* تجوير (approbation), ou tout autre équivalant, mais sacramentel, soit prononcé, tels que :

وهبت (*vohabtou*), je t'ai fait le don de ma personne; وصدقت (*vosadaqtou*), je t'ai fait le sacrifice de ma personne; ومالكت (*vomaliktou*), je t'ai rendu maître de ma personne.

« I. Schâfi. Le nikâh ne serait pas licite, si le mot sacramentel tadjviz n'avait pas été prononcé. »

Au dire de quelques auteurs, la fille est censée acquiescer, si elle sourit ou garde le silence au moment où le vali vient lui demander son consentement, soit purement et simplement, soit après avoir assuré et promis au jeune homme l'acceptation de la fille, qu'il n'aurait pas encore obtenue.

Mais, si tout autre qu'un vali demandait à la fille de consentir au mariage, et que celle-ci gardât le silence ou sourît, on ne pourrait, dans ce cas, considérer le silence ou le sourire de la fille comme des signes de son consentement au mariage. Il faudrait qu'elle s'expliquât à haute et intelligible voix.

Le cas est tout différent, s'il s'agit d'une veuve, nubile [1] toutefois ; la loi exige qu'elle réponde à haute voix au vali qui vient lui proposer un nouveau lien.

Voici quelques décisions des Imams relatives au consentement de la fille :

I. « I. Hánifa. L'acceptation de la dot ou de tout autre présent entraîne le consentement de la fille. »

« II. I. Hanifa. Si un jeune homme dit à une fille : « Vous avez gardé le silence lorsque je vous ai fait demander votre consentement, » et que la fille réponde : « Non, j'ai rejeté votre proposition, » c'est au dire de la fille qu'il faut s'en rapporter. »

« I. Jafar. Non, c'est au dire du jeune homme. »

SECTION III.

Le Mahr.

Mahr مهر signifie dot. Le mariage ne peut se conclure, s'il n'en est point constitué une. Suivant l'expression de la loi, elle doit se composer de dix *dinar* دينار (ducats), ou, pour le moins, égaler les sommes dont on aurait pu doter les autres parentes de la fille, à l'époque de leur mariage, si toutefois il s'en trouvait de mariées. Cette première espèce de dot se nomme *mahr-é-miçal* مهر مثل (dot égale ou semblable).

[1] Mariée toute jeune, et dont le mari serait mort avant qu'elle n'eût atteint l'âge de puberté.

La loi admet une autre espèce de dot, dite *mahr
d-mousammam* مهر مصمم (dot déterminée). La li-
béralité seule du futur époux en fixe la quotité.

Les femmes ne doivent rien apporter en mariage.
Elles ont la faculté d'accepter ou de refuser ce que
leur époux leur propose, ou même d'en demander davantage.

SECTION IV.

Le Schahed.

Schahed شاهد signifie témoin. Il faut absolument
qu'il y en ait deux dans tous les mariages musulmans. On les choisit, soit parmi les parents, soit
parmi les étrangers. S'il arrive que les hommes s'y
refusent, on a recours aux femmes, mais avec cette
différence que deux hommes doivent être remplacés
par quatre femmes.

I. «I. Hanifa. Pour être conforme à la loi, le
nikâh doit se faire en présence de deux hommes,
ou d'un seul et de deux femmes, qui y assistent
comme témoins. Il faut qu'ils soient tous libres,
majeurs, sains d'esprit et musulmans. »

« Les personnes accusées d'un crime, celles qui
ont reçu la discipline pour avoir dit des injures,
les individus atteints de cécité, peuvent être pris
pour témoins, pourvu qu'ils soient tous libres, majeurs, sains d'esprit et musulmans. »

« I. Schâfi. Les personnes accusées d'un crime,
celles qui ont reçu la discipline, et les individus
atteints de cécité, ne peuvent servir de témoins. »

« I. Malik. Les témoins ne sont pas nécessaires, si le nikâh a été publié et affiché. »

II. « Le nikâh avec une *zimia* زي (juive ou chrétienne) doit être célébré en présence de deux témoins *zimi* زي (juifs ou chrétiens). »

« I. Mohammed et Jafar. Les deux témoins ne peuvent pas être des zimi. »

III. « Un père confie sa fille, encore impubère, à un administrateur ou tuteur, avec autorisation de la marier. L'assistance du père et d'un seul témoin suffit pour rendre ce mariage valide ; mais, si le père n'était pas présent, on ne pourrait se dispenser d'appeler deux témoins. »

CHAPITRE III.

MANIÈRE DE CÉLÉBRER LE NIKÂH.

Au jour fixé pour la célébration du mariage, les parents et amis des futurs époux se réunissent chez la fille, ou chez le jeune homme, ou même à la mosquée (ce dernier cas est peu en usage). Tout le monde réuni, on nomme un ou plusieurs vali et deux schahed. Le qazi est tenu d'y assister. S'il se trouve empêché, l'on choisit dans l'assemblée une personne versée dans les lois, pour le suppléer. Mais le qazi en titre peut avoir délégué quelqu'un pour le représenter.

L'assemblée se divise alors en deux portions : l'une se compose du jeune homme, de ses parents,

du vali, des deux témoins, et de tous les étrangers
invités aux noces ; l'autre ne doit se composer que
de la jeune fille et de ses proches parents. Un rideau
doit séparer ces deux divisions, de manière pourtant
que ce qui est dit dans chacune d'elles en particulier soit réciproquement entendu.

Cela fait, le vali, assisté des deux témoins, se
rend auprès de la jeune fille et lui demande, de la
part du jeune homme et de ses parents, si elle
consent à prendre pour époux un tel. Si elle y consent, il faut qu'elle sourie, ou pleure, ou même
garde le silence ; si elle n'y consent pas, elle est
obligée de le dire à haute et intelligible voix.

Dans le cas où elle consentirait, ses parents
prennent la parole et font connaître au vali la dot
qu'ils désirent obtenir pour leur fille. Aussitôt le
vali, toujours assisté des témoins, se rend auprès du
jeune homme et lui fait part des intentions des
parents de la fille.

Alors le qazi se lève, s'approche du jeune homme
et, lui prenant la main, dit :

« Nous vous accordons en mariage, et comme
épouse légitime, une telle, fille légitime ou natu-
relle d'un tel et d'une telle, que vous et vos parents dotez de la somme de........, ce dont tel et
tel sont témoins ; chose communiquée et arrangée
par le vali un tel, ici présent. Y consentez-vous ? »

Si le jeune homme n'y consent pas, soit parce
que les prétentions des parents de la fille seraient
trop exagérées, ou même parce qu'il aurait changé

d'avis, il allègue les motifs de son refus; mais, s'il
y consent, le qazi se dessaisit de sa main, et lit à
haute voix un morceau de poésie nommé *kotouba*
خطبة, où sont décrits les devoirs des époux.
Après cette lecture, il récite une prière dite *fatiah*
فاتحة. Le jeune homme se lève et fait une pro-
fonde révérence aux personnes de la réunion. En
l'achevant, il reçoit de ses parents ou de ceux qui
lui portent de l'affection, des cadeaux, des présents
(*nazr* نذر). Il reprend sa place et donne, s'il le désire et si ses moyens le lui permettent, un repas,
ou seulement fait distribuer du bétel, de l'arack et
des essences.

Les étrangers se retirent; le jeune époux, en
présence de ses parents, se rend auprès de son
épouse, et le nikâh est parfait.

CHAPITRE IV.

LE SCHÂDI OU LE NIKÂH AUGMENTÉ DE CÉRÉMONIES ET PRATIQUÉ À PONDICHÉRY.

Le schâdi diffère du nikâh en ce que l'un admet
des cérémonies que l'autre ne permet pas. Les
personnes qui éprouvent des difficultés de la part de
leurs parents ou du public, ont recours au nikâh;
et ce mariage, qui se trouve conforme à la loi, est
rejeté par le peuple, qui le considère comme dé-
fectueux. Mais est-il toujours constant que le schâdi

n'a aucun caractère légal, si le nikàh n'en fait pas partie?

Voici les cérémonies pratiquées dans le schâdi :

1° On commence par faire la demande (*mangna* منگنا). Les parents du jeune homme prennent un plateau dans lequel ils mettent un trousseau tout neuf[1] et une bague destinés à la fille (ils peuvent y ajouter d'autres présents, mais le trousseau et la bague sont indispensables); puis ils se rendent chez la fille, dont les parents doivent avoir fait les mêmes préparatifs.

Les deux familles réunies s'arrangent pour le contrat, fixent l'époque des fiançailles et se passent les plateaux : celui de la fille revient au jeune homme, et celui du jeune homme à la fille. Cette première cérémonie se nomme *schakar-kori* شكر خورى (collation).

2° Le jour des fiançailles arrivé, les parents se réunissent et prennent décidément jour pour l'hymen des futurs époux. On distribue du bétel, de l'arack et des parfums. Cette cérémonie se nomme *haldi* هلدى (safran).

3° Le troisième ou quatrième jour suivant, le jeune homme, accompagné de ses parents, va rendre visite à sa fiancée et lui offrir, dans un plateau, les meilleurs fruits de la saison, des gâteaux et des nazr (présents). Cette troisième cérémonie se nomme *bari* برى (plateau).

---

[1] Ce trousseau se compose ordinairement d'une belle pagne, d'une jupe et d'un spencer.

4° Quelques jours après, la fille observe la même cérémonie à l'égard de son fiancé.

5° La cinquième cérémonie, qui porte le nom de *teil* دهين (huile), consiste dans les opérations de toilette des deux futurs époux. C'est celle qui dure le plus longtemps.

Les fiancés, placés dans un berceau orné de fleurs et d'étoffes brillantes, sont tour à tour bercés par des garçons ou des filles d'honneur qui chantent des couplets rimés sur une espèce de vielle. Tout en les berçant, on procède à leur toilette. L'essence de rose, de sandal, l'antimoine, le *menhdi* مينهدى, ne sont pas épargnés. On leur peint les cils, les sourcils, les dents, les ongles et la plante des pieds et des mains. Comme ce sont les femmes qui d'ordinaire se chargent de toutes ces opérations, chacune d'elles, suivant son caprice, ajoute ou retranche à ce qui a été fait par celle qui l'a précédée. Par exemple, si l'une d'elles pommade et tresse les cheveux des fiancés, s'en vient une autre qui se met à les défaire pour les boucler à sa façon. Et les fiancés ne peuvent rien dire : on leur ferait un reproche s'ils voulaient s'y opposer ou même marquer la moindre impatience.

Tout ce qui précède se passe dans l'intérieur des appartements ; le public n'y assiste pas. La durée de cette cérémonie est d'environ une semaine. On y consacre chaque journée tout entière.

6° Après le teil, les parents du jeune homme donnent un festin (*ziafat* ضيافت), auquel sont invités tous les parents de la fille et beaucoup d'étrangers.

7° Au banquet succède le *schabgast* شب گست (procession de nuit). Les fiancés, assis vis-à-vis l'un de l'autre, dans un palanquin à l'indienne qu'on décore avec beaucoup de magnificence, sont promenés dans les principales rues du quartier, au milieu des flambeaux, des feux d'artifice, de la musique et d'une foule considérable de curieux. Les parents, et quelquefois le nabab, dans les villes où il y en a un, suivent le palanquin des fiancés à cheval ou sur des éléphants richement caparaçonnés.

8° Quelques jours après le schabgast, le qazi, au milieu des deux familles réunies, célèbre le nikâh, afin de conférer aux fiancés la qualité d'époux légitimes qu'ils n'auraient pas sans cela; le schâdi n'étant pas un mariage légal, mais seulement de pure convention, l'accomplissement du nikâh est d'une observation rigoureuse.

9° Le nikâh terminé, les époux, en présence de leurs familles, s'avancent l'un vers l'autre, se prennent la main et ne se séparent plus, ce qui s'appelle *joulvâ* جلوه (rencontre des époux), jusqu'au moment où, soit la mère, soit la sœur, ou toute autre proche parente, s'approche de la jeune mariée et lui attache au bras un bracelet composé de quelques brins de fil d'or et de couleur, nommé *kangân* كنگن. Après quoi les époux se retirent dans leurs appartements, et le schâdi se termine.

Si les fiancés sont encore enfants, comme cela

arrive assez souvent, on attend leur âge de puberté pour célébrer les trois dernières cérémonies, qui sont le nikâh, le joulvâ et le kangân.

CHAPITRE V.

DE L'ÂGE REQUIS POUR SE MARIER,

Un musulman peut se marier à l'âge de seize ans. Avant seize ans accomplis, le consentement des parents est requis; mais, passé cet âge, on peut s'en dispenser.

Celui qui se marie en s'exemptant d'avoir le consentement de ses parents, n'est pas tenu de faire les soumissions respectueuses. Il suffit qu'il soit assisté d'un de ses oncles paternels ou maternels. Tel est l'usage.

Les musulmans, comme les Hindous, marient leurs enfants à tout âge, depuis sept ans jusqu'à dix-huit; mais on ne réunit les époux que lorsqu'ils sont parvenus à leur âge de puberté.

CHAPITRE VI.

DES PERSONNES ENTRE LESQUELLES LA LOI PERMET OU DÉFEND LE MARIAGE,

Les musulmans peuvent prendre pour épouse une femme de quelque nation qu'elle soit, pourvu qu'elle veuille suivre la religion de Mahomet. (Qoran, chapitre v, verset 7.)

Mais, en outre, la loi dispose que les peuples qui reconnaissent l'Ancien Testament (*Taoûret* توريت), l'Évangile (*Anjil* انجيل), les psaumes de David (*Zabour* زبور), et le Qoran (*Fourqàn* فرقان), peuvent aussi contracter des mariages entre eux. Toutefois le changement de costume n'est pas de rigueur. Le musulman qui épouserait une Anglaise ou une Française ne leur imposerait, en aucun cas, l'obligation de prendre le costume musulman.

Les légistes mahométans emploient le mot *kûfou* كفو, dont le sens est : égalité de nation ou de tribu, pour exprimer, par analogie, *les qualités ou conditions requises pour s'épouser.*

Voici quelques-unes de leurs décisions à cet égard :

I. «I. Hanifa. Le kûfou se fonde sur l'origine et la liberté. Exemple : deux individus nés, l'un d'un père libre et musulman, et l'autre d'un père et d'un grand-père libres et musulmans (ce qui suppose que le grand-père du premier n'était pas libre et musulman); ces deux individus ne sont pas égaux aux yeux de la loi. »

« I. Abû-Youçof. Si, ils sont égaux. »

II. «I. Hanifa. Il y a égalité entre deux individus si le père et le grand-père de l'un, comme le père, le grand-père, l'aïeul, le bisaïeul, etc. de l'autre, sont tous libres et musulmans. »

III. «I. Hanifa. Le kûfou se fonde aussi sur la religion et la piété. Exemple : le mariage d'une femme qui a des principes religieux, avec un homme qui les viole tous, peut être cassé par le vali. »

« I. Mohammed. Lorsqu'il s'agit de religion, le vali n'a pas le droit d'intervenir. »

IV. « I. Hanifa. Le kûfou réside dans la fortune et l'avoir des parties contractantes. Exemple : pour se marier, il faut constituer une dot à sa future et être en état de la nourrir et de l'habiller; le kûfou ne peut donc pas être réclamé par celui qui ne remplirait pas l'une ou l'autre de ces conditions. »

« I. Abû-Youçof. Le kûfou existe en faveur de celui qui, ne pouvant pas actuellement constituer une dot à sa future, et pourvoir à son entretien, offrirait néanmoins assez de garantie pour lui en faire dans la suite, en tirant parti de l'état qu'il exerce. »

V. « I. Hanifa. La profession à laquelle on appartient détermine aussi le kûfou. Ainsi, le bottier, le marchand de parfums et le tisserand ne sont pas égaux, et des mariages ne peuvent avoir lieu entre eux. »

« I. Abû-Youçof. L'état ou la profession qu'on exerce ne détermine pas le kûfou d'une manière absolue. Cependant il ne faudrait pas que les conditions fussent trop disproportionnées. Ainsi il n'y a pas d'union possible entre un barbier et un tisserand. »

CHAPITRE VII.

DES HERMET-MOUÇAHÉRA, OU PARENTS ENTRE LESQUELS LE MARIAGE EST DÉFENDU.

Les parents que la loi (Qoran, chapitre iv, versets 26 et 27) défend d'épouser se nomment *hermet-mouçahéra* حرمة مصاهره.

Ils sont classés dans l'ordre suivant :

L'homme ne peut épouser :

Sa mère, sa fille, sa sœur, sa tante paternelle ou maternelle, sa nièce (fille de son frère ou de sa sœur);

Sa belle-mère, sa belle-sœur (du vivant de sa femme), sa belle-fille;

Sa grand'mère paternelle ou maternelle, sa petite-fille, les filles confiées à sa tutelle et issues de femmes avec lesquelles il aurait cohabité;

Sa nourrice, sa sœur de lait, la grand'mère de sa nourrice ou de son père nourricier.

La femme ne peut contracter mariage ni avec les frères ni avec les époux des parentes qui viennent d'être nommées.

CHAPITRE VIII.

DIVERS CAS QUI SE RÉFÈRENT AU CHAPITRE PRÉCÉDENT.

I. Le Qoran, chapitre iv, verset 28, défend aux croyants d'épouser des femmes mariées, excepté celles qui seraient tombées entre leurs mains comme esclaves.

II. Si quelqu'un a entretenu des relations coupables avec une femme, ou s'est livré avec elle à des actes de libertinage, ou même ait contemplé ses charmes sans voile, dès lors la fille de cette femme devient pour lui une hermet-mouçahéra (voyez chapitre VII). Le fils de l'homme en question ne pourra pas non plus épouser cette femme.

« I. Schâfi. Dans les trois cas mentionnés ci-dessus, la fille, par rapport à l'homme, et le fils, par rapport à la femme, ne deviennent pas des hermet-mouçahéra ; ils peuvent contracter mariage entre eux. »

III. On ne peut épouser la sœur de la femme qu'on vient de répudier, qu'après la cessation de l'*iddâ* عِدَّة [1].

« I. Schâfi. Après la troisième répudiation [2], on peut épouser la sœur de sa femme, quoique celle-ci soit encore dans l'iddâ. »

---

[1] L'*iddâ*, c'est l'état d'une femme avec laquelle la loi ne permet pas d'avoir des communications. En voici les cas :

1° Si le mari a fait vœu de s'abstenir de sa femme.

2° S'il l'a répudiée.

3° Si elle porte le deuil de son mari.

4° Si elle a ses infirmités périodiques.

Dans le premier cas, il faut que le mari attende quatre mois (*Qoran*, chap. II, vers. 226).

Dans les trois autres cas, la femme laissera écouler :

1° Le temps de trois menstrues (*Qoran*, chap. II; vers. 228);

2° Quatre mois dix jours (*Qoran*, chap. II, vers. 231);

3° Le temps nécessaire pour se purifier (*Qoran*, chapitre II, vers. 222).

[2] Voy. chap. X, sect. I.

IV. Un maître ne peut épouser son esclave [1]; un esclave ne peut épouser sa maîtresse.

V. Un croyant ne peut contracter d'union, ni avec une *zandiq* زنديق (guèbre ou adorateur du feu) ni avec une *boudhist*.

VI. « I. Hanifa. Un croyant peut épouser une *kitabia* كتابيه (juive ou chrétienne), et même une *sabia* صابيه [2]. »

« I. Abû-Youçof et Mohammed. Un croyant ne peut prendre pour femme une sabia. »

VII. « I. Hanifa. Deux personnes qui ont fait ensemble le pèlerinage de la Mecque peuvent se marier. »

« I. Schâfi. Non, elles ne le peuvent pas. »

VIII. « I. Hanifa. Un croyant peut épouser une esclave croyante [3] aussi bien qu'une esclave kitabia. »

---

[1] *Esclave* est ici pris pour *domestique*.

[2] Par le mot *sabia* ou *sabéen*, on entend les anciens Arabes qui adoraient le feu. Ce mot ne signifie pas *idolâtre*, dans sa vraie acception; car alors on violerait ouvertement les dispositions du verset 220 (Qoran, ch. 11), ainsi conçues : « N'épousez pas les femmes idolâtres, tant qu'elles n'ont pas cru. Une esclave croyante vaut mieux qu'une femme libre idolâtre, quand même celle-ci vous plairait davantage. Ne donnez point vos filles aux idolâtres, tant qu'ils n'auront pas cru. Un esclave croyant vaut mieux qu'un incrédule libre, quand même il vous plairait davantage. » — C'est pourquoi il faut traduire *sabia* par *hérétique*.

[3] En conformité des dispositions du verset 29 (chapitre 11 du Qoran) : « Celui qui ne sera pas assez riche pour se marier à des femmes honnêtes, libres et croyantes, pourra prendre des esclaves croyantes. »

« I. Schâfi. Non, l'admission de l'une est ici l'exclusion de l'autre. »

IX. « I. Hanifa. L'homme libre (*hûrr* ﺣﺮ) qui a épousé une esclave croyante en premières noces peut, en secondes noces, prendre pour épouse une femme libre (*hûrra* ﺣﺮﺓ). Mais le contraire ne peut avoir lieu, quand même la femme libre se trouverait dans l'iddâ, résultant d'un troisième divorce. »

« I. Abû-Youçof et Mohammed. Si la femme libre est dans l'iddâ, résultant d'un troisième divorce, l'homme libre peut, en secondes noces, épouser une esclave. »

X. « I. Schâfi. L'esclave qui s'est uni en premières noces à une femme libre peut, en secondes noces, épouser une esclave. »

XI. « I. Malik. Si un homme libre a épousé, en premières noces, une femme libre, il peut se remarier à une esclave, pourvu que la femme libre y consente. »

XII. « I. Hanifa. On peut épouser une femme avec laquelle on a entretenu un commerce illicite; mais, si cette femme porte dans son sein un fruit conçu avant le mariage, les nouveaux époux ne pourront cohabiter ensemble qu'après la naissance de cet enfant. »

XIII. « L'Ijmâ ou les quatre Imams réunis. On ne peut, ni légalement, ni légitimement, marier une femme enceinte; il faut attendre qu'elle soit délivrée. »

XIV. « I. Hanifa. On peut faire épouser à un autre l'esclave croyante avec laquelle on aurait déjà cohabité. »

XV. « I. Hanifa. On peut épouser la femme qu'on a vue cohabiter avec un autre, sans même avoir recours au istibrâ استبرا [1]. »

XVI. On ne peut épouser cette femme, mais seulement cohabiter avec elle.

XVII. « I. Hanifa. Si le mariage d'une femme qui soutient devant le qazi, en produisant toutefois des témoins, qu'un tel l'a épousée, est reconnu légitime, on peut cohabiter avec cette femme, quoique même le nikâh n'ait pas été dûment célébré. »

CHAPITRE IX.

DE LA POLYGAMIE.

La polygamie est admise chez les musulmans; la loi leur permet d'épouser quatre femmes, mais sous des conditions qu'il leur est souvent difficile de remplir. Une fortune aisée, un caractère loyal et une vigoureuse constitution sont les principales qualités exigées par le Qoran, qui dit, chapitre iv, verset 3 :

« Si vous craignez d'être injustes envers les orphelins, n'épousez que peu de femmes, deux, trois ou quatre parmi celles qui vous auront plu. Si

---

[1] *Istibrâ* veut dire : « examen des menstrues pour s'assurer si l'on « est enceinte ou non. »

vous craignez encore d'être injustes, n'en épousez qu'une seule ou une esclave. Cette conduite vous aidera plus facilement à être justes. »

Conformément à la loi, celui qui épouse plus d'une femme est tenu :

1° De les établir chacune dans une maison ;

2° De leur donner des domestiques en nombre égal, des habits, des bijoux, des meubles, des équipages, à l'une pas plus qu'à l'autre ;

3° De partager ses nuits également entre elles ; et, s'il arrivait qu'il épousât en secondes noces une veuve ou une demoiselle, il est tenu d'accorder à la première trois nuits consécutives, et à la seconde sept nuits consécutives : après quoi, il reprend son train de vie ordinaire ;

Et 4° tout ce qu'il fait pour l'une, il est tenu de le faire pour les autres, sous peine d'infraction aux lois religieuses.

I. «I. Hanifa. Un homme libre peut épouser quatre femmes libres ou quatre esclaves, mais il ne peut en épouser un plus grand nombre. »

«I. Schafi. Un homme libre peut épouser quatre femmes libres, mais seulement une esclave. »

II. «I. Hanifa. Un esclave peut épouser deux femmes. »

«I. Malik. Il peut en épouser quatre. »

CHAPITRE X.

DE LA RÉPUDIATION ET DE SES EFFETS.

Le Qoran admet le divorce et établit en principe que la femme répudiée doit reprendre la dot qui lui a été promise lors de son mariage.

Mais il semble qu'il n'a pas précisé les cas où le musulman peut se séparer de sa femme; et les Imams ou commentateurs du Qoran, dans le but de combler cette lacune, créèrent des causes qui permettent de divorcer légalement.

Causes de divorce établies pour l'homme.

L'homme peut légalement divorcer :

1° Si sa femme est atteinte d'une maladie incurable;

2° Si elle a un caractère opiniâtre qui ne veuille jamais céder;

3° Si elle quitte à tout instant sa maison;

4° Si elle se familiarise trop avec les étrangers;

5° Si elle a de l'indifférence pour son mari;

6° Si elle est négligente et sans propreté;

7° Si elle a l'habitude d'aller se plaindre aux autres des actions de son mari;

8° Si elle accueille froidement les personnes qui viennent loger ou manger avec son mari;

9° Si elle n'a point d'affection pour ses enfants;

10° Si elle les repousse et les éloigne d'elle;

11° Si elle s'engage en qualité de nourrice sans la permission de son mari ;

12° Si elle est stérile ;

13° Si elle vole son mari ;

14° Si elle agit contrairement aux usages.

Causes de divorce établies pour la femme.

La femme peut demander à divorcer :

1° Si son mari est atteint d'un mal incurable ;

2° S'il est impuissant ;

3° S'il se conduit contrairement aux lois.

SECTION PREMIÈRE.

Des différentes sortes de répudiation.

Les Imams en admettent trois sortes :

La première, *talâk-é-rajaï* رجعی طلاق ou répudiation avec la condition de reprendre sa femme, sans célébrer un nouveau nikâh. (Qoran, chapitre ii, verset 229.)

La deuxième, *talâk-é-bayin* باين طلاق ou répudiation avec la condition de reprendre sa femme, mais en célébrant un second nikâh. (Qoran, mêmes chapitre et verset.)

La troisième, *talâk-é-mogaliza* مغلظه طلاق ou répudiation avec la faculté de reprendre sa femme, en célébrant un nouveau nikâh, mais après que la femme aura été mariée à un autre, et que cet autre l'aura eu répudiée à son tour, pour la première ou seconde fois. Le Qoran ne le dit pas, mais les Imams veulent que ce soit pour la troisième fois. (Chap. II, verset 230.)

I. Deux sœurs ont épousé, sans le savoir, le même individu. Si l'une d'elles a déjà cohabité avec son mari, l'autre ne pourra le faire qu'après la répudiation ou le mariage de sa sœur à un autre individu.

II. Si un maître épouse la sœur de son esclave avec laquelle il vivait maritalement, il faut qu'il répudie ou marie son esclave à un autre pour qu'il puisse cohabiter avec la sœur.

SECTION II.

De la restitution de la dot après la répudiation.

I. Si la répudiation a lieu avant la cohabitation, mais après l'assignation de la dot, la femme répudiée a droit à la moitié de la dot assignée. (Qoran, chapitre II, verset 238.)

II. Si la dot constituée est de la valeur d'un talent (cent dinars), la femme répudiée a droit à la dot tout entière. (Qoran, chapitre IV, verset 24.)

III. « I. Hanifa. Si un homme épouse, le même jour, à la même heure, et devant la même assemblée, deux femmes, l'un des deux nikâh est nul de plein droit. La femme dont le nikâh est maintenu, recevra la dot mousammam[1] tout entière. »

« I. Abû-Youçof et Mohammed. Il faut réduire la dot mousammam à la quotité de la dot miçal[2],

---

[1] Voy. chap. II, sect. 3 du présent titre.
[2] *Id. ibid.*

et la partager en égales portions entre les deux mariées. »

IV. S'il arrive que quelqu'un épouse (en deux fois différentes et sans le savoir) deux sœurs, et que les circonstances soient telles qu'il ne puisse pas se rappeler quelle est celle d'entre elles qu'il a épousée la première, les deux femmes doivent être répudiées, et ne recevoir que la moitié de la dot promise.

SECTION III.

Des obligations imposées aux époux divorcés.

I. L'époux est tenu de pourvoir à la nourriture et aux vêtements de sa femme répudiée, d'une manière convenable. Son héritier y est tenu aussi bien que lui. (Qoran, chapitre ii, verset 232.)

II. L'époux ne peut empêcher sa femme répudiée de se remarier, ni même de renouer les liens du mariage avec son premier mari, si toutefois elle en avait eu un. (Qoran, chapitre ii, verset 232.)

III. La femme est obligée d'allaiter son enfant deux ans entiers, si le père veut que le temps soit complet. Elle ne peut le mettre en nourrice qu'avec le consentement de son mari. (Qoran, chapitre ii, verset 233.)

LIVRE TROISIÈME.

LOIS PÉNALES.

« Dans la loi du talion est votre vie, ô hommes doués d'intelligence ! Peut-être finirez-vous par craindre Dieu ! » (Qoran, chapitre II, verset 175.) C'est en ces mots que Mahomet résume la peine du talion, qu'il a rendue applicable aux meurtriers par les deux versets suivants du même chapitre :

Verset 173. « O croyants ! la peine du talion vous est prescrite pour le meurtre : un homme libre pour un homme libre, l'esclave pour l'esclave; et une femme pour une femme[1]. Celui qui obtiendra le pardon de son frère sera tenu de payer une certaine somme, et la peine sera prononcée contre lui avec humanité. »

Verset 174. « C'est un adoucissement (à la rigueur du talion) de la part de votre Seigneur et de sa miséricorde. Mais quiconque se rendra coupable encore une fois d'un crime pareil sera livré au châtiment douloureux. »

Le talion est donc la peine capitale infligée contre tous les crimes d'une haute gravité, tels que meurtres, assassinats, coups ou blessures mortels, et, en général, contre toute atteinte portée volontairement à la vie de l'homme.

[1] Ces mots signifient aussi : « oreille pour oreille, œil pour œil, « nez pour nez. » Conf. *Exode*, XXI, 24 ; *Levit.* XXIV, 20.

Je dis volontai••ment, car le verset 94 du chapitre iv contient des dispositions relatives au genre
d'expiation imposé à l'auteur d'un crime involon-
taire.

Verset 94. « Pourquoi un croyant tuçrait-il un
autre croyant, si ce n'est involontairement? Celui
qui le tuera involontairement sera tenu d'affran-
chir un esclave croyant, et de payer à la famille
du mort le prix du sang fixé par la loi, à moins
qu'elle ne fasse convertir cette somme en aumône.
Pour la mort d'un croyant d'une nation ennemie,
on donnera la liberté à un esclave croyant. Pour
la mort d'un individu d'une nation alliée, on af-
franchira un esclave croyant, et on payera la somme
prescrite à la famille du mort. Celui qui ne trouvera pas d'esclave à racheter, jeûnera deux mois
de suite. Voilà les expiations établies par Dieu le
savant et le sage. »

Maintenant j'ajouterai à la doctrine du Qoran
celle des Imams. Le *Kanz*, manuscrit arabe que j'ai
analysé dans ma préface, contient des détails très-
curieux sur le système pénitentiaire en usage dans
les contrées de l'Inde où le pouvoir mahométan s'est
toujours conservé intact et dans toute sa liberté
primitive. C'est de là que j'ai extrait les détails qu'on
va lire.

La principale peine, chez les musulmans, consiste en un certain nombre de coups donnés avec
un fouet ou plutôt une férule en cuir appelée *doura*
درة, composée de sept longes de cuir, chacune de

l'épaisseur d'un pouce et de la longueur d'une cou-
dée, cousues et serrées si fortement ensemble que
l'épaisseur des sept longes est réduite à l'épaisseur
d'une seule.

Un châtiment dont on retrouve encore des traces
dans les contrées musulmanes, c'est celui qui consiste à couper le poignet aux voleurs et à les chas-
ser de la ville après leur avoir mis les fers aux pieds
ou aux mains. Ces infortunés, ainsi mutilés, par-
viennent rarement à se débarrasser eux-mêmes de
leurs entraves, qu'on rive d'ordinaire avec beaucoup
de précautions, ou à trouver quelqu'un d'assez hu-
main qui veuille les y aider; alors ils vont de ville
en ville, de porte en porte, mendiant leur pain
qu'on leur refuse presque toujours. Pour ma part,
j'en ai rencontré un dans les marchés de Pondichéry, qui avait le poignet droit coupé, et à peine
pouvait-il se servir de l'autre pour porter les morceaux à la bouche, parce qu'une barre de fer mo-
bile l'attachait à son col.

Les assassins, les grands criminels, sont exécutés
par un bourreau, *jallâd* جلّاد, qui leur tranche la
tête avec un damas recourbé, après leur avoir bandé
les yeux.

CHAPITRE PREMIER.

DES CONTRAVENTIONS AUX LOIS RELIGIEUSES.

L'omission fréquente des ablutions, des prières,
ou même leur accomplissement, mais sans les formalités prescrites, l'usage des mets ou breuvages

défendus, et autres contraventions aux lois religieuses, font l'objet de ce chapitre.

Si le qazi est informé qu'un mahométan mène une vie toute contraire aux règles prescrites par les lois religieuses, il le fait venir et lui recommande de changer de conduite. Si le mahométan ne se conforme pas à cet avertissement, il le fait chercher de nouveau et le réprimande sévèrement. En cas de récidive, il le condamne à une amende, qu'il détermine lui-même suivant la gravité du cas. S'il arrive que, l'amende payée, le coupable recommence encore, on l'envoie en prison pour autant de jours qu'il plaira au qazi de l'y laisser; si la prison ne le corrige pas, il reçoit un nombre de coups de doura déterminé de même par le qazi. Enfin, si, après toutes ces corrections, qui quelquefois se succèdent très-rapidement, il persistait à ne pas vouloir changer de conduite, le qazi le condamne à mort.

Après l'avoir exécuté, on l'enterre sur le bord d'un grand chemin. Sur son tombeau se place une pierre de taille, dont l'inscription indique la cause pour laquelle il a été mis à mort.

CHAPITRE II.

DES PEINES INFLIGÉES EN CAS DE *ZINA* (COMMERCE ILLICITE [1]).

Le *zina* livre X, chapitre IX du *Kanz*, est considéré sous trois points de vue différents :

[1] Il faut lire, pour plus amples détails, les versets 19 et 30 du

Premier point. — Le zina (زنا) entre deux personnes non mariées.

Le qazi ne peut d'office poursuivre l'affaire ; il faut qu'elle lui soit dénoncée par les parents des coupables. Mais, dès qu'il en a été saisi, il n'est plus possible de retirer la plainte. Toutefois une famille musulmane ne peut conserver dans son sein une fille qui a été victime d'une passion malheureuse, car les fruits qui en naissent sont exclus du partage.

Aussitôt donc que le qazi en est informé, il fait comparaître les coupables et les interroge sur le fait qu'on leur impute : qu'ils l'avouent ou qu'ils le nient, il faut, dans l'un et l'autre cas, que quatre témoins soient entendus. Cette disposition est fondée sur la possibilité que deux personnes dont le mariage n'est pas consenti par les parents affirment un fait illusoire, dans le but de se voir unies. Mais, dit la loi, la déposition de ces témoins doit être si exacte et concorder ensemble avec tant de précision, que l'omission ou le changement d'une seule circonstance suffit pour les faire récuser. S'il échappe, par exemple, à un témoin, de prononcer le mot *jimâ* جماع au lieu de *zina* زنا, le qazi est tenu d'acquitter les coupables ; car *jimâ* جماع veut dire : union légitime des deux sexes, et *zina* زنا signifie, au contraire, adultère, commerce illicite. Si un témoin, au lieu de déposer que les prévenus se sont rendus cou-

chapitre IV, et les versets 1, 2, 3, 4, 6, 7, 8 et 9 du chapitre XXIV du Qoran.

pables du zina, dit : « J'ai vu un tel et une telle com-
« mettre le jimâ, » la déposition de ce témoin est
nulle : le qazi doit passer outre. Il est essentiel que
les quatre témoins déclarent avoir surpris les prévenus en flagrant délit, sans quoi leur déposition ne
servirait pas à fonder une accusation de commerce
illicite.

Après avoir instruit l'affaire, procédé à l'audition
des témoins et reconnu la culpabilité des prévenus,
le qazi les condamne à recevoir chacun cent coups
de *doura* ﺩﺭﻩ. Si les patients expirent avant de
les avoir reçus en totalité, on les met en terre, et
l'on administre sur leur tombeau l'excédant des
coups qu'ils auraient dû recevoir.

Second point. — Le zina entre personnes mariées. L'affaire s'instruit avec tout autant de précautions que dans le premier cas. Si la culpabilité est
manifeste, le châtiment infligé cette fois est le *rajam*
ﺭﺟﻢ, qui consiste à lapider les coupables après les
avoir enterrés jusqu'à la partie inférieure de l'es-
tomac.

Troisième point. — Le zina entre une personne mariée et un célibataire.

L'audition des témoins a lieu avec la même
exactitude que dans les deux cas précédents. Si les
accusés sont convaincus, on leur inflige les puni-
tions suivantes :

Le marié est lapidé, et le célibataire reçoit les
cent coups de doura.

CHAPITRE III.

DIVERS CAS DE RÉPRESSION.

Celui qui porte faux témoignage en justice reçoit quatre-vingts coups de doura.

Celui qui fait usage des aliments ou breuvages défendus reçoit cinquante coups pour les aliments et autant pour les breuvages.

Celui qui est convaincu d'avoir dit des injures ou blasphémé subit la même peine.

Celui qui vole au-dessus de vingt-cinq francs a le poignet coupé.

Celui qui vole en escaladant est puni de la prison, *habas* حبس.

Celui qui vole armé et à l'aide d'escalade est mis à mort, *dit* ديت.

FIN.

TABLE.

ERRATA.

Pages.	Lignes.	Lisez :
VIII,	6,	ارتضيه, avec un ة à la fin.
5,	3,	اذان, avec un ذ.
32,	3,	ذوى الارحام, avec un ذ.
54,	5,	ذوى الارحام, avec un ذ.
57,	15,	صدقت (*sadaqtou*), sans la conjonction و.
Ibid.	16,	مالكت (*maliktou*), sans la conjonction و.
60,	3,	ذميه, au lieu de زى.
Ibid.	5,	ذى, avec un ذ.
63, note,		un beau pagne, *au lieu de* une belle pagne.

www.ingramcontent.com/pod-product-compliance
Lightning Source LLC
LaVergne TN
LVHW020209030726
842520LV00003B/976